小学生
学习能力关键培养

木紫◎编著

中国妇女出版社

图书在版编目（CIP）数据

小学生学习能力关键培养 / 木紫编著. --北京：中国妇女出版社，2016.11（2022.1重印）

ISBN 978-7-5127-1353-6

Ⅰ.①小… Ⅱ.①木… Ⅲ.①小学生—学习能力—能力培养 Ⅳ.①G622.46

中国版本图书馆CIP数据核字（2016）第241431号

小学生学习能力关键培养

作　　者：木　紫　编著
策划编辑：姜　喆
责任编辑：陈　元
封面设计：柏拉图
责任印制：王卫东
出版发行：中国妇女出版社
地　　址：北京市东城区史家胡同甲24号　　邮政编码：100010
电　　话：（010）65133160（发行部）　　65133161（邮购）
法律顾问：北京市道可特律师事务所
经　　销：各地新华书店
印　　刷：北京通州皇家印刷厂
开　　本：170×240　1/16
印　　张：14.25
字　　数：173千字
版　　次：2016年11月第1版
印　　次：2022年1月第5次
书　　号：ISBN 978-7-5127-1353-6
定　　价：29.80元

前言
Preface

父子对话。父亲说："儿子，你就不能多考点儿分吗？就算爸爸求你了。三年级，考70分，实在太少了。"儿子说："难道我不想多考吗？每天妈妈只监督我学习，不让我玩游戏，我就是考不好，怪我啊！"父亲无言以对，儿子的确学得很努力。

哪个孩子不希望自己学习好，做学霸呢？如果努力了仍不能获得好成绩，就要深入思考一下了。

孩子走入校园后，学习就成了大事。"作业写完了吗？""考得怎么样？""这道题难吗？""老师讲的听懂了吗？"类似的高频询问很多，反映了家长对学习的重视。

而"我复习了好几遍，还是不会做！""背诵了一个小时也没记住！""我怎么没看到有个小数点呢？""一上课就走神！""一写作文就头疼！"类似的倾诉，反映了孩子学习能力不够强。

学习能力决定学习成绩。

学习能力是直接影响学习效率，使学习得以顺利完成的心理特征，包括智力因素和非智力因素。智力因素是一个智能操作系统，它是儿童在学习以及生活中解决各种问题时进行感知、注意、观察、记忆、思维、想象、言语活动能力的总和。非智力因素是一个动力系统，它在儿童的学习以及活动中起着定向、引导、维持、强化等作用，包括需要、欲望、动机、兴趣、情绪和情感、意志、自信心、性格、气质、习惯等。

举个例子，即使你的孩子非常聪明，能听懂并记住老师当堂课所讲的内容，但若不及时复习，短期记忆无法转变为长期记忆，所学知识就会被遗忘，如果孩子几个月后参加考试，可能很难取得好成绩。

当孩子学习成绩差的时候，我们理应在智力因素和非智力因素上找原因，可是很多家长习惯于认定孩子不够努力。一些家长给孩子报辅导班，目标很明确——掌握知识，不能掉队。他们用腌制咸菜的理论解释学习，总腌着哪能不咸呢？结果呢，即使一年补习365天，成绩还是不理想。

当孩子成绩好的时候，我们理应注重孩子素质和能力的全面提升，可是一些家长见到了好成绩就放松了对孩子的要求，等孩子上了中学后，他们的成绩可能会变得差强人意。此时，这些家长开始羡慕那些不上辅导班、业余活动丰富，却稳稳地做着学霸的孩子。

为什么学霸反倒学习轻松呢？一个很重要的原因是在小学阶段，他们的生活丰富多彩，有学习有活动，而且会学习会活动，使得学习能力的智能因素，比如观察力、记忆力、想象力、注意力、创造力等获得了充分发展，同时，使得影响学习能力的效能因素，比如兴趣、动机、意志力、自信心、习惯等隐性学力获得了良好的发展。

小学阶段，是孩子学习能力培养的关键期，各位家长应抓住时机，在对的时间做对的事情，努力提高孩子的学习能力，为孩子未来的发展打下良好的基础。

特别感谢王玉新、张志强、郗玉森、李祥仁、王玉芝、李松敏、魏庆丽、李进科、郗华民、张钊、张振忠、王锁娣在资料收集、文字整理等方面的大力支持。

木　紫

2016年6月

目录
Contents

第4章 放飞想象力——想象力比知识更重要

第5章 集中注意力——让孩子学得更专注

第6章 训练思维力——智力的核心

第10章 学语文的能力——提升语感

第11章 学数学的能力——抓好数感

第12章 学英语的能力——形成语感

第1章
提高学习能力
——轻松做学霸

谁都渴望优异的成绩！学习能力是直接影响学习效率，使学习得以顺利完成的心理特征，包括智力因素和非智力因素，只有抓好这两方面，才能有效地提升学习能力，取得优异的学习成绩。

好父母抓学习能力

学习是因经验而引起的，以心理变化适应环境变化的过程，可以通过行为或行为潜能的变化体现出来。学习能力直接影响学习效率，而学习能力又受智力因素和非智力因素两方面影响。

智力因素是一个智能操作系统，它是儿童在生活中解决各种问题时进行感知、注意、观察、记忆、思维、想象、言语活动能力的总和。而非智力因素是一个动力系统，它在儿童活动中起着定向、引导、维持、强化等作用。它包括需要、欲望、动机、兴趣、意志、自信心、性格、气质、习惯、情绪和情感等心理因素。

当孩子到了小学阶段，观察力、注意力、记忆力、思维能力、创造能力、想象力等学习活动中的智力因素已经发展起来，但是不同的孩子发展水平不同。

明明上课注意力极差，都上三年级了，可每堂课都无法持续听讲10分钟，成绩很差。父母很重视，严格限制了明明看电视的时间——每天半小时。增加了打乒乓球的活动，每天都要打1小时以上。除此以外，父母还让他做了一些提升注意力的专业训练。一年后，明明能注意听讲了，学习成绩也提高了。

除了智力因素外，学习活动还包括一些非智力因素，如自制力、自信心、上进心、主动性、责任心、意志力、抗挫折能力、自我控制力、宽容、感恩、理解、合群等，这些能力对孩子的学习影响也很大。

继续讲明明同学的故事：

当明明注意力提高了，课堂听讲效果好，受到老师表扬，课后作业完成得更快，准确率更高，这些都是在学习上获得的成功体验，有了这些成功体验，明明变得更喜欢学习了，自信心也增强了。此外，他会与以前的学习状态做比较，总结出：上课注意听讲写作业就容易、作业写得好成绩就好，在这个基础上，他会进一步追求更多的成功体验。于是，想玩儿的时候就能控制自己，建立学习目标，制订学习计划，越这么做，学习能力越强，成绩越好。

学习不仅是获取知识的过程，更能提高意志力、抗挫折能力、自我控制力等意志品质，获取知识的满足感还会增强学习动机，促使人产生更高的追求。有的孩子之所以越学越爱学，越学越轻松，就在于在学习的过程中，自信心和学习能力都提升了。

一般孩子的智商都足够应付学习这项智力活动，由此我们可以初步判定即使成绩差的孩子，也具有获得好成绩的智力资本。但是，这并不排除某一方面的缺失给学习带来的消极影响，如果观察力不够强，孩子在阅读、写字、听讲的过程中接收信息的速度和准确性会差；阅读能力差会导致孩子在听讲、读书、看题的时候理解不够深刻甚至发生错误，不能准确捕捉信息；如果不懂记忆方法，有些难记的内容就记不住……类似的缺失越少，学习的胜算越大，父母懂得这个道理，才不会耽误孩子发展学习能力。

隐性学力强者更容易获得好成绩

孩子的学业发展是一个长期且充满变化的过程，怎么变，取决于孩子的隐性学力，当时的学习成绩只是孩子的显性学力，只说明孩子掌握了当时要掌握的知识，拥有了掌握这些知识的技能，而决定孩子学习成绩长远发展的是学习兴趣、学习能力、学习方法、学习习惯等。

满脑子想的都是考第一、取得好成绩的孩子，把精力放在了学习课本知识上，大量做题，生活单调，综合素质低，比如：

没有时间阅读。阅读是开阔眼界、提升智力的重要手段，可以丰富一个人的精神世界，让人不孤单、不无助。

没有时间发展兴趣爱好。兴趣爱好是和孩子特长紧密相连的，有特长的孩子更容易增强自信，而且随着年龄增长，他会有更充足的心理能量去行动。

没有时间参加文体活动。文体活动除了能够开发智力、强身健体外，集体性的文体活动还能够锻炼一个人的组织能力、合作能力、控制能力等。丰富多彩的生活是孩子成长的需要，这样的生活能够提高孩子的学习能力。

隐性学力是一种发展性的力量，既涵盖了智力因素，也涵盖了非智力因素，学霸之所以有持续的好成绩，就是这些因素综合作用的结果。

20世纪20年代，斯坦福大学的心理学家特尔曼征集了1528名孩子，跟踪调查25年，得出结论，孩子的成就与智商没有必然的联系，学习成绩的影响因素不止智商一项。而且，已经有实验证实，人的智商会发生变化。

可见，父母在培养孩子的过程中，有意识地提高孩子的隐性学力，能为孩子取得好成绩奠定良好基础。

辅导孩子不可忽视的问题

平平学习成绩一般这件事情很让父母着急，就这么一直下去，到了中学，很可能会变成差生，连个普通大学都考不上。为了不让这样的事情发生，妈妈一口气给平平报了3个辅导班——数学、英语、作文，并告诉平平要专心学习，停止一周一次的篮球、击剑运动，什么时候成绩上去了，才能恢复这两项运动。几个月下来，平平整个人瘦了一圈，没了以往的活泼劲儿，成绩虽有提高，依然算不上优秀，而班里的一些优等生学得很轻松，业余生活也很丰富，打球、看电影、玩游戏，哪样都没落下。为此，平平的妈妈感到很迷茫。

孩子成绩不够优秀，家长想办法给孩子提高成绩，是再正常不过的事。上辅导班也好，父母辅导也罢，都不失为一种办法，但是，如果在辅导的过程中忽视孩子学习能力的培养，就无法从根本上提高孩子的学习成绩。

为了让学习成为一个不断进步的过程，我们在辅导孩子的时候，以下几个问题不容忽视。

1.成绩差时，先找学习能力方面的原因

当父母感到孩子成绩不理想或与其他人有差距时，第一时间要做的事情是全面了解孩子在学习上的表现。先去老师那里，请老师讲讲孩子在学习上的表现。比如，课堂听讲情况、回答问题的积极性、课后完成作业情况、考试情况等。然后结合孩子在家里的表现，确定孩子的学习能力水平。

孩子在学校里，有校规约束，到了家里时间由自己支配，为家长提供了观察其自我控制力、管理能力、学习积极性的机会。孩子写作业时，妈妈通过孩子的作业完成情况，可以判断他解决学习问题的能力、写作能力、阅读能力等的高低。

2.不忽视学习能力的发展

有位妈妈跟我聊天说，她的儿子读一年级了，计算速度明显比其他同学慢。我问她作业是否能做对，她说能做对。为了提高儿子的计算能力，每天都会出一些题让他完成。

有的时候学习成绩并不一定代表孩子的学习能力，之所以有那么多孩子越学越差，就在于掌握知识的同时忽视了学习能力的提高。从长远发展来看，孩子学习知识的过程应该是同时发展学习能力的过程，如果你的孩子在学习的某些方面有所欠缺，就要提高这些方面的学习能力，这也是提高学习成绩的根本途径。

3.非智力因素影响大

很多家长觉得孩子成绩差，一定是智力方面的原因，在这样的观念指导下，容易忽视非智力因素对学习的影响。其实，小学阶段，非智力因素更容易拖成绩的后腿。

有的小学生自制力差，贪玩儿，往往无法保证充足的学习时间，与此同时，较少成功体验的孩子自信心不足，遇到难题更容易放弃，长此以往，肯定很难取得好成绩。

如果孩子在学习的过程中，不但掌握了知识，提升了意志力、自我控制力等非智力因素方面的能力，并注重计算能力、书写能力、记忆力等的提高，学习成绩当然不会差。

抓好几个关键点

孩子完成一定的成长，获得一定的能力，当然是越轻松越好。小学阶段，有几个关键点对孩子的学习能力影响很大，如果抓住了，就能让孩子的学习生活更加顺利。

1.入学后，建立积极的学业自我

学业自我是孩子对自己学业能力的一种自我知觉，是相当长的一个阶段内个体对自己学习能力的比较稳定的看法，这种充满了自我评价式的判断影响着孩子的自信心。通俗来讲，就是孩子知道自己能不能学会老师所讲的知识，自己会不会做老师布置的作业，等等。学业自我建立得好，学习能力就强。

具有积极的学业自我概念的孩子对自己的学习能力充满信心，学习目标的选取适当而又富有挑战性，对学习过程和结果有可控感，能积极主动地投入学习活动中。而具有消极学业自我概念的孩子往往逃避学习、学习动机较弱，学习成绩越来越差。

孩子学业自我概念的形成依赖于他在学习过程中的表现；同时，学业自我概念也会影响他的学习动机、兴趣、信心等，决定着孩子学习成绩的优劣；学业自我作为自我意识的一部分，对孩子的人格发展也有着很大的影响。孩子入学伊始，多鼓励、帮助他完成学业，以便于建立起一个积极的学业自我。

2.三年级的阅读

有一个非常重要的自然法则叫作“马太效应”，比喻强者愈强、弱者愈弱的现象。在三年级，孩子学习能力上的差别最容易变大，导致成绩好的越来越好，成绩差的越来越差。

那么，是什么因素引发了“马太效应”呢？是熟练阅读的能力。进入三年级后，学校的功课更加需要丰富的背景知识和通晓“书面语”（包括文学的、历史的、抽象的、通俗的、技术的术语）——而这些知识需要通过阅读来获得。当为学习而阅读的模式成为学习的主导时，如果孩子感觉吃力，那么，到了四年级，孩子的成绩可能会受到更大的影响。

三年级以前，孩子处于学习阅读阶段，即运用所掌握的词汇去理解句子，到了三年级，孩子在阅读上要实现一个华丽的转身，过渡到在阅读中学习。如果孩子没有做到或者阅读能力较弱，在学习过程中就会因为遇到障碍而放弃，而此时阅读能力强的孩子则拥有了较多的学习技巧，能够快速理解上下文，积累更多知识，词语更加丰富，学习起来更容易。

3.五六年级的逻辑思维能力

当孩子进入五六年级时，逻辑思维能力逐步发展，所学知识的逻辑性也在增强，如果孩子的逻辑思维能力没有跟上，就会影响其对知识的理解和记忆。这个阶段，家长应着重培养孩子的逻辑思维能力，主要包括分析能力、综合能力、抽象能力、概括能力，这些能力既可以在生活实践中培养，也可以在学习过程中培养。

高品质学习：获得自我调节学习能力

一天，娇娇爸爸不忙，去接娇娇放学，进了小区门，娇娇同学的爷爷对娇娇爸爸说："你就是娇娇爸爸啊？"爸爸不明所以，不住地说："您好，您好！"这么说着，又过来几位同学家长。

这位爷爷说："你女儿可是这个小区里的明星啊！学习那么好，你是怎么辅导的？"爸爸说："我没辅导过啊！"这位爷爷说："那就是她妈妈厉害了？"爸爸摇头说："这个孩子没用我们辅导过啊！"还有其他家长问：

“你们没管过？”

爸爸说：“娇娇五年级了，从来都是按时上学，放学回家，没出现过不能按时完成作业的情况……”

这样的孩子，谁不喜欢呢？

学习是孩子自己的事情，他自己处理好了，父母也乐得省心。当孩子能够根据自己的情况制订学习目标和学习计划，努力实现目标，定期反思自己的学习行为，会根据知识性质选择记忆方法，根据科目特点安排预习方法……这样的孩子，就具有了相对稳定的学习能力，往往能出色地完成学习任务。

在心理学上有个概念，叫作自我调节学习，是由美国心理学家班杜拉提出的，指学习者积极激励自己并且积极使用适当的学习策略来学习。当孩子拥有了自我调节学习能力，即使有特别想看的动画片，他也不会忘了学习的事情；遇到了难题，他不会沮丧，更不会不加思考就向人求助，而是耐心思考，转换思路，直到做出来……

那么，如何培养孩子的自我调节学习能力呢？综合起来讲有以下几方面。

1.让孩子真爱学习

大量的研究表明，自我调节学习者的动机往往都是内在动机，即基于兴趣，基于学习本身所带来的成就感。

从孩子上学的那一天起，我们不能说“你要好好学习，妈妈就奖励你”或者“妈妈就特别幸福”之类的话。应该告诉孩子，学习是一件快乐的事情，好好学习，做个有出息的人。总之要让孩子认识到学习是为了自己。

孩子遇到难题时，家长应多鼓励，少批评，不能说“你真笨啊”“太让妈妈操心了”之类的话，而要引导孩子积极思考，找到解决问题的思路。孩子完成学习任务过程中获得的满足感是最好的学习动力。

2.拥有自己的学习方法、学习策略

不同的孩子在记忆能力、理解能力等方面呈现不同的特点，家长应支持孩子找到适合自身特点的学习方法和学习策略。

宁宁背诵古诗的时候，在房间里走来走去地朗诵，妈妈说："老这么喊，累不累啊！学学隔壁哥哥，背诵的时候在纸上画图，一会儿就记住了！"宁宁噘着嘴说："我不会画图，我就喜欢朗诵，这样背得快！"

依据识记材料时对某种感觉通道的偏爱而产生最好效果，可分为视觉型、听觉型和动觉型。听觉型的孩子就是偏好听讲、朗读、歌曲、广播等听觉刺激来学习。家长帮助他认可并掌握加工听觉刺激的方法来学习，效果往往更好。

3.有计划、高效地利用时间

时间管理能力是自我调节学习能力的重要方面。放学后，是孩子自由支配的时间，高效完成老师布置的学习任务，这个过程就提升了自我调节学习能力。先玩儿后学，这个方法不错，但是，要有言在先，玩1小时或者40分钟后就学习。如果养成了习惯，孩子就有了管理时间的基本能力。

4.不断反思学习行为

我们可以跟孩子约定，至少一个月要写一次学习情况总结，反思一下自己的学习情况，好的表现继续发扬，不好的表现努力改进，这样，才能改掉不良学习习惯。

5.处理好外界环境

自己喜欢在什么样的环境里学习，就选择什么环境。想学习了，关掉电视；如果家里有客人，就回自己的房间学习，都属于自我调节学习能力。对于刚上学的孩子来说，他们可能不懂这些，家长可以慢慢引导，让孩子逐渐掌握调整学习环境的方法。

6.善于向同龄人学习

孩子的社会环境主要是校园，同学是他们社会化进程中的主要人物，友好相处、互助互爱，不依赖、不嫉妒优等生，不嫌弃成绩差的同学，有困难会求助，都有利于他们发展学习技能、社会交往能力。

现在的孩子个性较强，在家里享受惯了主角地位，不自觉就搬到了校园生活里，需要家长不动声色地提醒，用心地引导，才能和同学友好相处。例如，某同学成绩出色，孩子表现出不屑时，家长不要批评孩子，而应跟他聊聊这位同学，找找这位同学的优点，鼓励孩子学习。

第2章

训练观察力——孩子学习更有效

学习是一项智力活动，观察力是智力结构的重要方面。观察力较强的孩子，在学习中能快速把所见情景“提纲挈领”地映入脑海，很快地发现中心内容，准确把握知识要点。

观察力对提升学习力至关重要

学习是一项智力活动，观察力是智力结构的重要方面，它是思维力、记忆力、注意力、想象力的基础，是学习过程的第一步。当孩子做数学题看错数字，读课文串行，在找不同游戏中感到很费劲时，那么，就要考虑提升孩子观察力的问题了。如果观察力不强，在学习上就会很被动。

关于观察力的重要性，著名生物学家达尔文说过："我既没有突出的理解力，也没有过人的机智，只是在观察那些稍纵即逝的事物并对其进行精细观察的能力上，我可在中人之上。"

研究发现，观察力较强的孩子，在学习中更能占据优势。他们能快速把所见情景"提纲挈领"地映入脑海，很快地发现中心内容，准确把握知识要点。在课堂上，他们能够轻松地把握住老师讲课的重点内容；写作业、考试的时候，较少因为马虎看错题意、写错字。

观察力强的孩子能够较快发现问题，产生要去了解的好奇心和解决问题的欲望，能够抓住事物的本质特征，获得有价值的信息，更具备战胜难题的信心，成为"高分高能者"的概率更大。

教育学家丁祖荫通过对幼儿园到小学高年级学生观察图画能力发展的研

究，认为小学生观察能力的发展从低年级到高年级分别属于以下三个阶段：

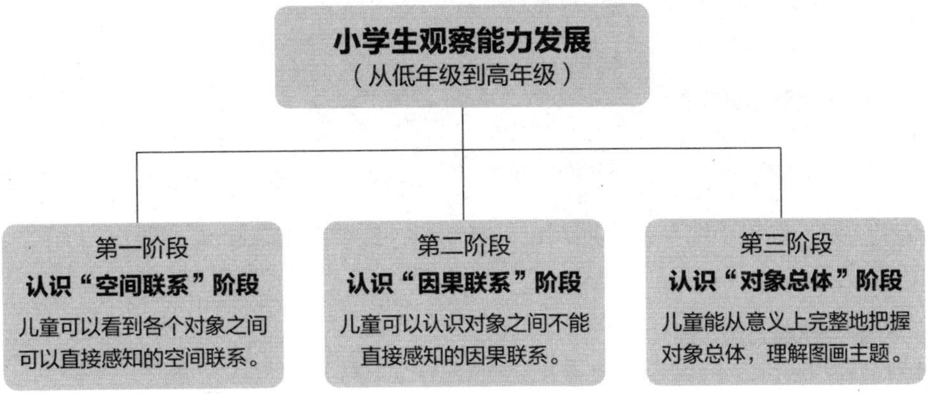

家长可以利用上图来判断一下自己孩子的观察力是否与年龄相匹配，如果稍差，可能不利于学习、认知活动，要着手锻炼，采用从简单到复杂的练习方式，效果更好。

锻炼观察力第1题：

下面每一题中都包含两组数字，如果这两组是相同的，请打“√”，如果这两组是不同的，请打“×”。

①56274189635　2562741866352

②568745317098574322　568745377098574322

③23446455535658 56382　2344645553565856382

④“田”字中包括了几个汉字？

锻炼观察力第2题：

观察一下班主任所在办公室的几位老师，他们都教什么？除了讲课，还有别的工作吗？他们平时习惯几点到校？他们走路的姿势分别是什么样的？他们中谁更喜欢和同学在课外活动的时候打成一片？

锻炼观察力第3题：

用一个成语概括出以下两幅画的内容，其中一幅是一位小朋友扶老年人过马路，另一幅是小朋友扶小朋友过马路（注：这个问题以画面呈现）。

锻炼观察力第4题：

你能从下面的字里找到和“王”不一样的字吗？

玉王王王王王王王王王王王王王王王王王王王

王王王王王王王王王王王王王王王王王王王王

王王王王王王王王王王王王王王王王王王王王

王王王王王王王王王玉王王王王王王王王王王

王王王王王王王王王王王王王王王王王王王王

王王王王王王王王王王王王王王王王王王王王

王王王王王王王王王王王王王王王王王王王王

王王王王王王王王王王王王王王王王王王王王

王王王王王王王王王王王王王王王王王王王王

王王王王王王王王王王王王王王王王玉王王王

锻炼观察力的题目很多，即使不做专项训练，随时随地留意身边的人、周围的环境，将它们描述出来，都能很好地锻炼观察力。

快速寻找，锁定目标

目标具有达成性，目标越明确，实现的可能性越大。在学习上，如果孩子具有准确找到、锁定观察目标的能力，对学习效果有很大的影响。

当孩子精准地锁定目标以后，就可以带着任务去观察，看到的内容就不再是无意义的、零碎的、模糊的，而是有意义的、与脑海里既存知识有逻辑联系的，甚至是围绕要解决问题的，很清晰地映现在脑海里，而且任务越明确，得到的信息越准确，记忆或者解决问题就会更快、更准、更深刻。

我曾经站到5个孩子面前，让他们观察我5分钟。几个孩子望了我几眼，目光就开始分散，一会儿就互相望着去了。5分钟到了，我藏起来，让他们笔答几个问题。

1.我梳着什么样的发型？

2.我上衣穿的什么款式的衣服，是什么颜色的？

3.我穿了一双什么样的鞋子，是皮鞋、布鞋，还是运动鞋？

4.我戴首饰了吗？如果戴了，说出是什么首饰？

5.我的眼镜是什么颜色的？

结果，没有一个孩子能够答对3道以上的题目。

随后，我让孩子们对照着问题观察我，5分钟后，我再次藏起来，让孩子们重新笔答以上问题，大部分孩子都答对了。

由此看来，小学生特别是低年级学生寻找观察目标的能力还不强，很容易受被刺激物的声音、形态、颜色等特点和个人兴趣、爱好、周围环境的影响，而转移目标降低了观察效果。

在日常生活中，帮助孩子提升锁定目标的能力，有助于孩子控制知觉，排除干扰，把注意力转向应该注意的方面，进而去感知观察目标。

1.言语提示

当孩子背诵课文的时候，如果段落较长，家长可以跟孩子说："把一大段分成几个小部分，一部分一部分地背诵。"这样，目标更明确，背诵效率更高。

做一道看图说话题目的时候，先让孩子看看后面的问题，孩子就懂得带着问题去观察，目的性更强。

当孩子做题的时候，遇到容易出错的题目，家长可以告诉孩子多看题目几分钟，这样孩子就能正确理解题意，不会看错条件，提高做题的准确率。

2.让孩子快速说出目标

当孩子做题的时候，家长可以陪他做做寻找、锁定目标的专项练习，让孩子快速说出要做什么。

做一段时间这样的练习，孩子锁定目标的能力就会大大提升，在做作业或者答题的过程中，孩子就能准确锁定问题、条件，快速找到答案。

五官观察法

有研究证明，一个人在观察事物时，如果光用眼睛看，只能接收到20%左右的信息；如果光用耳朵听，则只能接收到15%；如果眼、耳并用，信息的接收率可高达50%左右。由此可以判断，在孩子观察事物时，动用的感官越多，接收到的信息量就越大，认识就越全面。

由此看来，如果一个人只通过一种感官接收到的信息就做出判断往往是不客观的，很有可能形成片面或者局部的认识。

孩子逐渐长大，家长要引导孩子在感受外界事物的时候，不能单靠一种感官获得的感受就做出判断，应尽可能地让多个感官参与，比如，用眼睛观察、用鼻子闻、用耳朵听、用手触摸，这样大脑获得了足够多的信息，才能做出准确的判断。

家长应在孩子小的时候就开始培养其利用五官观察的能力。举个简单的例子，当一两岁的宝宝对西红柿感兴趣，伸手抓，妈妈不要怕孩子把西红柿抓烂，而应该将其洗干净，摆到宝宝面前，问他：西红柿是什么颜色的？光滑吗？尝一口，什么味道？即使宝宝不会用语言表达，摸了、抓了、看了、尝了，就了解到成熟的西红柿是红色的、圆圆的；摸起来很光滑；能嗅到淡淡的清香；咬一口，酸酸甜甜的。

等孩子长大，特别是已经上学后，由于他们已经熟悉了简单的事物，家长应引导他对更复杂的事物进行感知和判断。

观察的过程也是思考的过程，不断运用五官观察法，不但有利于培养孩子敏锐的观察力，也能促进孩子的动手能力、思维能力、表达能力等多种智力因素的发展。

孩子在生活中获得的观察机会越多、越复杂，掌握的生活知识、信息也就越丰富。当孩子的头脑里积累了丰富的信息后，有利于其思维能力和想象力的发展，接受知识的速度更快。

1.学习上，调动五官

在学习上，要学会运用五官观察法。课堂上，孩子把眼睛、耳朵、手都用上，跟着老师的讲课速度思考，能够快速地理清重点、难点，提高听讲效率。如果孩子只是看黑板上的板书，抄写笔记，不听老师讲，充当的只是一个文字搬运工的角色；如果只是听老师讲，不看黑板，不关注老师的一举一动，听着听着思路就不知跑到哪里去了，更别说搞懂哪些知识是重点了。

2.锻炼五官协调观察能力

为了培养孩子运用多种感官进行观察的习惯，家长可以给孩子布置一些观察任务，让他们来完成。

给孩子三把梳子，让孩子辨别一下哪把是塑料梳子，哪把是木梳子，哪把是牛角梳子，然后通过实际操作，辨别一下梳头发的时候，哪把梳子摩擦起电的现象最明显。

观察一下公园里的松树、柏树有什么不同，杨树、柳树有什么不同。春天的时候每一种树木是什么样的，秋天的时候每一种树木又是什么样的。

当孩子的观察力有所提高后，家长就可以布置一些较复杂的观察任务。观察小树苗的生长过程，观察小猫咪睡觉的样子等。

看脸谱，写心情

家长如果想让孩子在学习上拥有一双“火眼金睛”，能够快速找到知识点，发现问题，识别错误，就需要让孩子多做观察练习。比如，有意识地对事物进行观察比较，去发现不同事物的异同之处，从而总结出不同事物的特点。

“看脸谱，写心情”就是一个颇具代表性的锻炼观察力的方法。观察的时候，家长可以给孩子列出几个不同的笑容脸谱，有微笑、开心的笑、冷笑、假笑、奸笑、大笑等。让孩子给这些笑容对号入座，然后说说不同的笑容表达了当时什么样的心情。

看脸谱，写心情

脸　谱	心　情
微笑	看上去略带笑容，是不显著、不出声的一种笑
假笑	不是真的想笑，而是在敷衍
大笑	得意、痛快的笑
奸笑	恶毒、狡诈、不怀好意的笑
坏笑	有时表示恶作剧后，看你笑话的意思
冷笑	含有讽刺、不满意、无可奈何、不屑、不以为然等心态的笑
苦笑	心情不佳，而勉强做出的笑；自己嘲笑自己，给别人安慰
偷笑	不出声的笑，多是不怀好意的笑

通过这样的观察比较，孩子就会明白，境遇不同，心情不同，一个人的面部表情是不同的。

当孩子能够根据人的不同表情来辨别其心理活动的时候，家长就可以将这些“脸谱”广泛化。比如，带孩子站到城市的高处，让孩子观察不同区域的建筑风格等；去另一个城市旅游，可以比较一下这里与自己所生活的城市在市容市貌上有什么不同，人们的衣着打扮有什么不同……孩子以观察的心态面对生活，既能提高辨析事物、区别异同的能力，又能为写作积累素材，迅速抓住不同事物的显著特点。

如果家长专门带着孩子进行观察活动，一定要让孩子做一些观察记录和观察报告，可以用文字的形式记录下来，也可以画一幅画，这样都能大大提升观察效果。

训练孩子的视觉精度

如果孩子在学习中常常出现如下问题：写字出格、偏旁部首颠倒、看数字漏掉一位、分辨物体异同困难、无法从背景中找出指定图形、字母及数字混淆、看不懂题意等，那么，孩子的视觉精度就可能有问题。物体的影像刺激眼睛所产生的感觉叫作视觉。视觉精度是指在视野范围内看到并且有意识地、准确地区分物体的能力。一般来说，孩子看事物不费力，就没有问题，视觉精度越高，孩子的观察力就越强。在学习过程中，大约有75%的任务需要视觉的参与。如果孩子的视觉能力发育不足或不平衡，在学习中就容易出现问题。

瑞典化学家柏济利阿斯在实验室做了一个实验：他自己用手指蘸一下瓶里的液体，然后放到嘴里尝一尝，然后就要求学生们照着做。每个学生都学着柏济利阿斯的样子做了，尝完后每个人的脸上都表现出了怪异的表情，因为瓶子里液体的味道实在不敢恭维。

其实，如果学生们注意观察，视觉精度够高，完全可以避免接受这种并不愉快的味道考验。可惜，学生们并没有看清楚，当时柏济利阿斯是把中指伸进瓶子里，蘸完液体后却把食指伸进了嘴里。

为了提高孩子的视觉精度，让孩子视野更开阔，家长可以有意识地训练孩子的视觉。

1.动画人物描述法

孩子看过的动画片不少，让他们描述一下人物形象，虹猫、蓝兔、孙悟空、美羊羊、懒羊羊等都可以，想怎么说就怎么说。一次，两次……时间久了，就能抓住角色特征了。

2.物品训练法

平时，家长可以拿出家里的一件物品，放到离孩子较远的地方，一般为6米～7米远。双眼视觉系统能对6米～7米远的物体轻松地做出准确判断。让孩子看过后描述一下这件物品，然后写下来，家长要指导孩子按照由主到次的顺序把这件物品说清楚。其间，家长可以增加一点儿难度，改变一下那件物品放置的角度，让孩子从不同角度观察。

3.看图讲故事法

孩子喜欢看图画书，看完一本，让他讲讲看过的内容。这种方式既需要孩子认真观察画面，也要求孩子找到画面上各种事物、场景、人物之间的关联，展开想象，连缀成故事，不仅能锻炼观察力，还能锻炼思考力。

4.表演训练法

为了更好地锻炼孩子的视觉理解能力，家长可以和孩子玩一种游戏——看表演猜词语。游戏规则是这样的，家长表演一连串的动作，然后让孩子猜出表演的是哪一种动物。反过来，让孩子来表演，然后让家长猜。表演几次后，可以增加一些表演难度，表演一些运动项目、生活动作等。这样的活动，不但检验了孩子的生活积累，也能督促孩子多观察生活。

写观察日记

有个孩子写了一段观察癞蛤蟆的文字。

癞蛤蟆有六七厘米长，头又宽又扁，好丑啊！嘴巴很大，紧紧抿着；黑绿色的后背上长满了大大小小的疙瘩；乳黄色的肚皮圆鼓鼓的，像气吹起来似的；两只骨碌碌的大眼睛在头的两侧突起，真像冒出来的两个泡泡；趴下来仔细看，还能看到它肚皮上有棕色的斑纹。

这样的观察日记，是不是缺少一些写作技巧呢？初学写作的孩子，写作经验少，观察秩序差，看到什么写什么，东一句西一句的，会有一种凌乱感，极有可能漏掉事物的主要特征。

写观察日记，有助于孩子把更多的事物纳入大脑，成为可供大脑加工、使用的表象。看过一遍，大脑一定有印象，写一写，印象就更深刻了。

如何让写出来的文字条理更清晰呢？需要掌握一些观察方法。

观察事物最基本的顺序可由表及里、由主到次、由上到下、由远及近、从局部到整体。被观察的对象，有的是静态的，观察静态事物的时候，可以按照“整体——部分——整体”的顺序；观察动态事件的时候，可以按照“起因——发展——高潮——结果”的顺序，落笔写的时候，为了让文章更有悬念，可以把其中的某个部分提前。

观察一株植物，外形可以按照由上到下、先整体后局部的顺序，但是要描写生长过程，就要按照植物生长过程的顺序客观描述；观察动物的时候，可以按照“外形——生活习性”的顺序，观察外形的时候，可以按照由远及近、从局部到整体的顺序。

参观、游览的时候，移步换景，观察顺序是按照空间位置转换的顺序。观赏其中的每一个位置，都是按照由表及里、由上到下、由远及近、从局部到整体的基本顺序进行的。

孩子记住了这些观察顺序，观察起事物来就会得心应手，写出来的观察日记才会条理清晰。

第3章

增强记忆力——记得住才能考高分

大脑不但有记忆的功能，还有遗忘的特性。如果记不住，智力活动可能是“竹篮打水一场空”的游戏，如果是这样，哪里还能拿高分？帮助孩子了解记忆是怎么一回事，掌握一些增强记忆力的方法，能为提高学习成绩打下良好的基础。

做到三点，就没有记不住的知识

记忆和学习紧密相连，相互影响。从神经生理基础来讲，学习是指人和动物获得关于外界知识的过程；记忆则是将获得的知识储存和读出的过程。从认知过程来讲，记忆是个体认知系统的重要一环，没有记忆，就不可能有推理、运算、语言这些高级认知活动，学习也就无从谈起。个体通过不断学习积累的先前经验又会影响记忆新项目时的速度、广度和保持时间。

1.记忆目标要明确

心理学研究表明，有意记忆的效果明显优于无意记忆的效果。通俗一点儿来讲，用心才会出效率。下面这个实验更清楚地说明了在记忆方面，有意、用心的重要性。

心理学家做过这样一个实验：他们请老师给两个班的同学布置了默写课文的作业，都说第二天测验，第二天测验结果出来的时候，两个班成绩差不多。接着，老师只告诉一班同学两星期后还要测验一次，二班同学则不知道这件事。两星期后又进行测验，一班同学的成绩比二班同学要好得多。这个实验说明，记忆目标决定记忆效果。

这是因为有了明确的目的或任务，就能凭借意志努力去记忆，记忆就变成了有意记忆，如果没有明确的目的或任务，记忆的时候动力不足，就不会花费心思控制自己的注意力，无法调动起心理活动的积极因素。

那么，如何做才算是实现了有意记忆呢？当孩子对记忆内容不感兴趣，或者感到记忆任务很重的时候，就会望而却步。所以，家长最好先把这两方面的问题解决好。

有的孩子做事不紧不慢，手里虽然拿着书在看，思绪却飞到了九霄云外。这样的孩子，往往是因为目标性不强，捧着书到天黑也记不住什么。家长要想办法调动起孩子心理活动的积极因素，以便让他全力以赴地去完成记忆任务。

帮孩子看清任务后，家长就要着手改变孩子，告诉孩子要怎么记。比如，记忆英语单词时，可以告诉孩子先朗读3遍，然后一个一个地默写，一边写一边默记，直到能够记住为止。其间，要对孩子进行必要的监督，直到他完成某一科的记忆任务为止，这样做是为了保持良好的记忆状态。

与此同时，家长还要告诉孩子学习这些知识的必要性。比如，记忆英语单词的时候，家长可以告诉他，如果记不住单词，就无法看懂句子，更不能读懂课文。单词是英语学习的基础，值得下功夫去学。如果孩子将来想出国留学，就可以联系这个实际问题跟孩子摆事实、讲道理，让孩子切实地感悟到做这件事的重要意义，更能激发孩子去努力。

2.讲究记忆时间

记忆力的好坏与时间段有关，如果在饭后、疲劳等情况下，也不会取得好的记忆效果。这是因为饭后身体内的血液会流向最需要它的部位——肠胃，肉类等食物消化时间长，导致脑部长时间供血不足，脑部运转需要的血液和氧气得不到充足的供应，使大脑不能高效工作，当然会影响记忆效果。因此，要在记忆效率高的时间段从事记忆活动。

3.讲究记忆方法

有的孩子面对一个简单的记忆任务，就是记不住。为什么呢？可能是没有理解。换个方法，先搞懂概念的意思，然后再背诵，很快就记住了。

针对不同内容选择相应的记忆方法，而不是一味地死记硬背，才能完成记忆任务。

对抗遗忘规律有方法

宋朝有个读书人特别喜欢读书，读的时候，感觉兴趣盎然，内心充实，学到了很多东西。可是，到需要用的时候，却什么都想不起来了。于是，读书人去向朱熹求教。朱熹告诉他，读的时候要用脑子想、用心记，这样才能把书中的内容消化掉。读书人这才明白，他读过的书之所以记不住，不是因为他的记性不好，而是读书方法不对，这样匆忙、草率地读书，记忆效果当然不会好。

没有谁的大脑强大到看一遍就记住不忘，即便当时记住了，过一段时间也会忘记，要想永久性地记住，就要不断记忆。

掌握遗忘规律，对于提升记忆效果，有很强的指导意义。

1.按照艾宾浩斯遗忘曲线对抗遗忘

德国心理学家艾宾浩斯研究发现，在学习的过程中，遗忘是有规律的，而且遗忘的进程不均衡，在记忆的最初阶段遗忘的速度最快，后来就逐渐减慢，到了相当长的时间后，几乎就不再遗忘了。

记忆的时候，如果能够利用这个“先快后慢”的遗忘规律，帮助孩子对抗遗忘，巩固记忆，那么就能提高记忆效率。最简单的方法是课后复习、当天复习、当周复习、当月复习、当年复习等。也就是在还没有遗忘或者刚刚遗忘的时候就巩固了记忆，有助于形成长久记忆。

生活中，家长要培养孩子复习的习惯，为取得良好的学习效果打下基础。

学了某些知识后，可以选择一个时间，一周、两周、一个月时，考考自己，如果记忆不全的话，要重新记忆，在这个过程中可以采用大声说出来的方式。说的方式比默想更多了一个思维转化成语言的过程，更多了一个对知识深入理解的过程。

家长可以鼓励孩子去给缺课、成绩较差的同学辅导功课，或者辅导一下低年级的孩子，给别人讲课的过程非常有助于巩固学过的知识。家长最好从小鼓励孩子结交一些学伴，一起学习的时候，互相轮流作倾听者和复述者，效果也很好。

2.过度学习，对抗遗忘

一般认为，对材料的识记没有一次能达到无误背诵的标准，称为低度学习；如果达到恰能成诵之后还继续学习一段时间，称为过度学习。实验证明，低度学习的材料容易遗忘，而过度学习的材料比恰能背诵的材料记忆效果要好一些。当然，过度学习一定要有限度，花费在过度学习上的时间过多，会造成精力和时间的浪费。

一般来说，心理学实验认为：如果以刚刚记住的时间为100%，那么，过度记忆的最佳值为150%。

对小学生来说，根据孩子的学习能力，如果是半小时能够掌握的知识，掌握住了以后，再多记忆15分钟，效果往往最好。

朗读，朗诵

有一类孩子属于听觉型学习者偏好，通过听讲、朗读、歌曲、诗歌、广播等听觉刺激来学习，他们对语言、声响、音乐的接受力和理解力强，而在学一些定理、定律、概念、结论等相对枯燥的知识时，如果用默读法记忆，很容易开小差。这个时候，家长可以鼓励孩子朗读出来。

出声朗读，不但有利于对目标知识的记忆，更重要的是能够帮助孩子打通一条超记忆回路，大大提高记忆效率。

1.朗读有助于记忆

朗读时发声这个能动因素和耳听这个被动因素同时作用，对大脑的刺激比单纯默读强得多。所以朗读有助于记忆，特别是头脑不够清醒时，朗读可以使思想集中，效果甚为明显。当然，所谓朗读，不一定是指大声的抑扬顿挫的读，而主要强调字字有声，边读边想。

日本心理学家高木重朗说过：“一般来说，朗读比较好记。尤其是头脑不清醒的时候，更应该清楚地读出声来，这是因为朗读会给大脑以刺激，思想容易集中到一点，整个身心好像进入了‘临战’状态。”他说的也是这个道理。如果学习数理化的基础知识，即使是在头脑清醒的情况下，最好也能读出声来。

夏季天热容易犯困，情绪不好的时候容易提不起精神，这些时候，不妨大声读出来，这样既赶走了阻碍记忆的因素，又强化了记忆。

2.朗读的时候注意节奏

在朗读的时候，千万不要觉得既然是为了记忆而朗读，就没有必要一字一顿、字正腔圆地很正式地去读，囫囵吞枣式的读法很影响思维。节奏是语言的固有频率，它可以给大脑一种刺激，使思维与这种频率共振，从而加强记忆。所以，不管是背诵课文，还是记忆单词，朗读出声都是有好处的。

3.随时朗诵

朗诵不同于朗读，朗诵是把已经掌握的内容背诵出来，带着自己的感情色彩，是一次很好的再创造。朗读了几遍后，就可以试着朗诵，这样不但检验了记忆效果，还促进了对知识的理解。一段文字，如果达到了能准确朗诵的程度，就不再是理解、记忆的水平，而是深入理解了。

试试图画记忆法

有个孩子背诵古诗，大发感慨，学习真不容易，好不容易记住，没过几分钟，又忘了！

美国图论学者哈拉里说过：“千言万语不及一张图。”图表好在哪里呢？从记忆的角度来讲，图表能简明、清晰地揭示事物间的关系，便于系统地掌握知识。

图表是用右脑记忆。左脑是用语言来运转，需要事先理解了才能记忆，记忆容量小，速度慢，而且属于浅层记忆，如果不巩固的话马上就会忘记。右脑是用图像记忆，像照相机一样，咔嚓一声信息当即以图像形式保存在大脑里，记忆效率很高。有科学研究表明，左脑对右脑有干预、过滤、监控的作用，如果左脑的思维活动减少，脑波处于稳定的α波状态，就放松了左脑对右脑的控制，让潜意识在感情、直觉、形象、速记、速算等方面有更多的机会充分表现，右脑就活跃起来了。偶尔用右脑记忆，不但能给左脑休息的时间，还能够锻炼人脑的功能。

那么，如何教孩子制作图表呢？最常见的做法是：

第一步，把要记忆事物的关键词写在一张纸的中央。

第二步，在关键词周围记下第二层次的要点，并用线条把它们与中央的关键词连接起来。

第三步，把与各个二级要点有关的下一级要点记下来，并用线条把它们与有关的二级要点连接起来。这些三级要点与中心要点也许有关联，也许没有。

最后你将得到一幅有众多分支的图画，看上去既有点儿像心不在焉的作品，又有点儿像儿童画。

图表就像孩子的性格，富有戏剧化、个性化、卡通化，这都没关系，只要构成了一个井然有序的组织化结构，关键词的选择要尽可能精练、概括性强，熟练以后可以用字头法简化或者符号、图表代替文字。

制作图表的过程是个不断思考、理解认识所学知识的过程，这个过程促进了对知识的深入了解，列表的时候，可以对照着课本，也可以抛开课本。

1.学古诗词建立画面感

古诗语句典雅、意境高远，多背诵一些古诗，对提高孩子的文学修养大有帮助。但是，很多孩子觉得古诗记忆起来比较难，从而对此丧失了信心和兴趣。

如果教会孩子利用右脑记忆，背诵古诗就不难了。比如，背诵杜甫的《绝句》时，可以先教孩子把全诗想象成一幅春景图：新绿的柳枝上，成对的黄鹂在欢唱；蓝天上，一行白鹭渐飞渐远。绵绵的雪岭，就像是镶嵌在窗框里的图画；门外江边停泊着来自东吴的船只。

当孩子头脑中有了这样一幅美丽的图画后，就可以开始朗诵全诗；朗诵到熟练了，就闭上眼睛想象画面，每个画面对应着一句诗，记忆起来就容易多了。

2.学英语想象画面

我们知道，人的左脑是语言脑，用语言来处理信息；右脑是图像脑，用图像来处理信息。记忆的基础是想象，右脑的想象机能能够将收到的信息进行快速转换，能够把听到的语言变成图像，或者把图像变成语言；右脑也能把图像变成数字，或者把数字变成图像，这样，右脑就能大量记忆快速进入大脑的信息。

在学习新的英语单词的时候，可以把它和已熟悉的某个词联系起来，在脑海中通过想象产生一个画面。当我们使用这个单词的时候，脑海里就会迅速出现这个画面。比如，学习tree，可以让孩子先想象一棵大树，这样，孩子的脑海里就有了一个tree和枝繁叶茂的大树的连接，记忆会非常的牢固。走到大街上，看到大树，就会想起tree这个单词，多次重复记忆后，这个单词就得到巩固了。

在想象画面的时候，家长要指导孩子多想象那些不寻常的、奇特的、令人惊讶的画面，或者比较有吸引力，能有效地帮助记忆的典型画面，从而使学习变得更加容易和愉快。比如，在某部英文电影中有个镜头，它的某句台词很经典，而这句台词正好是刚刚学习的某种时态，可以让孩子把这个句型跟画面联系起来，记忆的时候就容易多了。

因为右脑记忆是作为图像储存在大脑中的，能够长期保存，所以这种记忆是一种优质记忆，孩子越善于使用，记忆效果越好。

3.在头脑中画图形

数学中有许多抽象的概念、定理，如果单纯地记忆很容易忘记，也容易混淆。这个时候，不妨在头脑中画出图形，然后再记忆。比如，学习长方形的面积，可以先在头脑中画出一个长方形，然后在图形上标出长和宽，面积＝长×宽。学习长方体的表面积的时候，在头脑中画出一个长方体，然后想象长方体一共6个面，长方体的总面积就是6个面积相加。长方体的表面积＝（长×宽＋长×高＋宽×高）×2。

养成这样的记忆习惯后，记忆概念、定理、公式的时候，就会容易许多，记忆得又快又不容易忘记，能够大大提高学习效率。最重要的是，这样不仅促进了右脑的活跃，还有利于想象力和形象思维能力的开发。

“蚕食”记忆任务

当孩子记不住所学知识时，会很沮丧，这个时候，家长的鼓励对孩子来讲是提升信心的好方法。怎么鼓励，当然不是几句“你能行”就能解决问题的。最切实可行的方法是拿起来就能用，并能有效改善孩子记不住的状况。

1.“蚕食”为啥能记住

再多的内容，即使再难记，如果将它们变小、变少，像蚕咬食桑叶一样，也能逐渐掌握。背诵课文的时候，家长可以教孩子把要背的课文分成若干段，每一大段里又可分成若干小段。这样，每次背诵的任务就变小了。

心理学上有个著名的系列效应。对于一系列处于不同位置的记忆材料，记忆效果不同，接近开头和结尾的材料的记忆效果好于中间部分的记忆效果。产生这种现象的原因是材料的中间部分受到了前面内容和后面内容的干扰，即同时受到了前摄抑制和倒摄抑制。材料的开头部分只受到了倒摄抑制，结尾部分只受到前摄抑制。系列位置效应，中间部分的材料记忆效果最差。

在背诵课文时，将课文分成几个小段后，相互之间的抑制减弱甚至消失，记忆起来就容易了。

2.分时间段记忆

孩子记忆力高度集中的时间不会超过一小时，在这段时间内，前10分钟和后10分钟的记忆效果又最好，记忆的时候，把要记的内容排列次序，让每一项内容都经历过最前和最后那段记忆力最好的时间，就能大大增强记忆效果。如果家长再智慧一点儿，指导孩子尽可能地多开发一些“开头时间”“结尾时间”，那么记忆起来就会更轻松。

在学校的课业安排上，有很多重要的措施就是为了对抗记忆抑制的，它们分别是课间操时间、科目之间的安排等。课间操就是把上午一个记忆序列打断，变成两个记忆序列。午睡更会使上下午之间的抑制降低到最低程度。音体美课程和数学、语文等科目交错安排，是为了减少相同科目的抑制。所以，家长一定要嘱咐孩子，该做操的时候认真做操，该活动的时候好好活动。

等车、坐车、饭前、早晨起床、睡前等零碎的时间，都是很好的“开头时间”“结尾时间”，记忆效率往往较高。家长最好让孩子多准备一些小卡片，上面抄写当天学习的英语单词、短语、习惯式表达等，这些知识需要多次反复记忆才有效果。如果利用那些零碎的时间来记忆，是再好不过了。

3.不要给孩子贴“记忆力差”的标签

压力过大，孩子担心学习不好，担心分数低，担心记不住，这些都会让孩子产生焦虑情绪，导致记忆力下降。当孩子记不住什么东西的时候，家长千万不要说：“你怎么这么笨呀！这点儿事都记不住！”“你还能干什么啊？脑子生锈了啊！”“就你这记性，学习也好不了！”

当孩子的记忆力本身没有问题时，家长脱口而出的“差”“笨”就先入为主地影响了孩子的思维，孩子就以家长贴给自己的这个“记忆力差”的标签评价自己，于是，对自己失去了信心，觉得自己一定记不住；当孩子记不住的时候，很自然地就用“我记忆力差”这个借口为自己开脱，不去寻找更积极的记忆方法。

所以，即使你的孩子出现了忘记的现象，家长也不要说孩子记忆力差，而应默默地帮助孩子找到有效的记忆方法。

重复记忆法

我听到过很多孩子抱怨，考前一段时间，临时抱佛脚，下了苦功夫记住的知识到了考场上，却怎么也想不起来了。

在学习过程中，我们总是督促孩子要复习功课，这样才能够记住所学的知识。家长这样做，正契合了记忆的三个要素。从科学的角度来讲，要达到记住概念、事实或资料需要三个要素——印象、联想、重复。

不过，不是所有的记忆都包括这三个过程。有的知识一看就记住了；有的知识需要与其他的知识联系起来，才能理解、记忆；有的知识明明已经记住了，过了一段时间却忘记了。

从记忆时间的长短来说，记忆可以分为感官记忆、短期记忆、长期记忆三种形式。如果记忆形式停留在感官记忆和短期记忆上，那么很容易就会忘记。这是因为感官记忆的保存时间由数秒至3～5分钟，信息使用过后，很快就会被遗忘。感官记忆除了保存时间短外，记忆能力也比较差，每次最多可以记住5～9个数字或词汇。一旦记忆对象内容比较多、记忆起来比较有难度时，既不容易记住，又很容易忘记。

短期记忆维持时间一般在12～36小时，在这个时间段内，所记忆的对象会随着时间的推移而衰减。如果超过了这个时间，没有尽快复习的话，大部分知识就忘记了。如果我们指导孩子及时地把感官记忆、短期记忆变成长期记忆，效果就不一样了。

长期记忆是很难消失的，就像我们能够清楚记得自己的身份证号码、生日、熟悉的亲朋好友的电话号码一样。

美国心理学家帕林通过试验证明，人的短期记忆只能保持数秒钟。在日常生活中，许多东西是没有必要长期记忆的。随记随忘的短期记忆正是人脑比电子计算机高明的地方，其好处在于可以排除干扰，减轻大脑的负担，从而可以集中精力记那些必须长期记忆的东西。

《科学》杂志发表的一项研究表明，多次激活同样的神经连接方式能将事物印在记忆里。短期记忆转变为长期记忆最好的方式就是重复。重复的方式主要有：过电影法、交谈法、默写法等。

1.过电影法

每天晚上临睡前的这段时间，舒服地躺在床上，把当天所学的知识在脑海里过一遍，增加一次理解和记忆，就不容易忘记了。过电影的方式有很多，比较常见的有重点内容法、整堂课法、错题法、难题法。

重点内容法就是回忆一下当天课堂上所讲的重点内容，如果科目较多，就一科一科地来，回忆内容包括概念、定理、公式、语法、重点段落等。如果能回忆起来，就加深了一遍印象；如果回忆不起来，第二天早晨重点看一下，也就补充了遗忘的部分。这种回忆方法的好处在于能巩固对重点知识的记忆，比较适合睡前时间较短的特点。

整堂课法就是把当天的课程从头到尾回忆一遍。回忆的内容包括：老师怎么开场，怎么引出了当堂课所讲的主要内容，怎么讲的重点知识，哪位同学回答了问题等。这种回忆方法有助于孩子了解老师的讲课思路、课堂重点等，缺点是耗费的时间比较长。

错题法有利于补充知识的薄弱环节，避免旧错重犯。回忆错题的时候，要把错在哪里、为什么错、正确的做法一并回忆出来。

难题法就是把课本上、习题里的难题回忆一遍。在错题中，其实已经包括了一部分难题，所以，在做难题回忆的时候，不妨在错过的题目里寻找一下，那些被列入重点题的错题特别需要多回忆几遍，以便真正掌握正确的解法。

2.交谈法

在与同学交流的过程中，不但能够获得很多知识，还能够检验自己所学的知识是否扎实，从而完善、巩固新的正确的记忆。培根说："谈话使人敏捷。"这是因为交谈的时候需要集中精力，才能把握住话题。

平时，家长可以指导孩子制造一些交谈的话题，比如，"朋友相见时，怎么用英语问候""做一下成语接龙""背诵诗词"等。这种互相讨论、你问我答的交流学习方式能够使孩子加深理解和记忆，还有利于孩子学习其他同学的学习方式和记忆方式，弥补自身的不足。

3.默写法

"眼过千遍，不如手过一遍。"用手写的过程，其实是把从书中学到的内容变成自己的内容后再现出来，思维又深入了一层，更促进了对知识的理解与掌握。

默写后，对照着书本检查一下，记忆不准确的字、词、标点符号等都能查找出来，有利于提升记忆的准确度。这些是口头背诵难以发现的。

这种方法的优势非常明显：回答时用笔写出来，既加深了对问题的理解，又训练了孩子的书面表达能力，经过这样的训练，在考试的时候就能应对自如了。

另外，回忆的时候不一定要回忆老师讲的课程，也可以回忆做过的某道难题、老师强调过的某道重点题、最近总结出来的某种学习方法等。

促进理解与记忆

德国心理学家艾宾浩斯在关于记忆的实验中发现，记住12个无意义的音节，平均需要重复16.5次；记住36个无意义的音节，需要重复54次；而记住6首诗中的480个音节，平均只需要重复8次。这个实验告诉我们，凡是理解了的知识，就能记得迅速、全面而牢固。

要想很好地记忆所学知识，先要处理好理解与记忆的关系。以下几方面都是很关键的内容。

1.一定要先理解内容

有些知识如果不事先理解，即使很快地背诵下来，对学习也是没有意义的。小学课程里，数学公式、定理、古诗、深奥的课文、生僻的字词等，都属于这个范畴，一定要先理解才容易记忆。

比如，记忆某个数学公式的时候，最好闭上眼睛回忆一下这个公式的内容，公式是怎么推导出来的，然后再记忆。记住了这个过程，背诵的时候脑子不空，就容易掌握了。

2.可以捎带着记忆的内容

有些知识已经背诵过了，或者内容比较浅显，可以一边背诵一边理解。很多知识不是看一遍就记住了，而要重复看几次。在后面的复习阶段就可以加快速度，一边看或者一边回忆一边理解，这样既节省了时间，又达到了巩固所学知识的目的。

3.不容易理解的内容先讨论

英国文学家萧伯纳说："如果你有一个苹果，我有一个苹果，彼此交换，那么每人只有一个苹果；如果你有一个思想，我有一个思想，彼此交换，我们每个人都有两个思想，甚至多于两个思想。"

对于那些不容易理解、不容易记忆的内容，家长不妨教孩子一个方法——和同学一起讨论。大家一起讨论，每个人都表达自己的观点，去和他人的观点进行碰撞，这样可以相互取长补短，加深对内容的理解。

讨论除了有助于理解外，还有助于记忆。讨论的过程中，当自己记忆的材料或讲述的观点被大家承认、接受，甚至赞许时，心里会有一种成就感，大脑会兴奋起来，使记忆力增强，从而更有效地巩固已掌握的知识；当自己记忆的材料或讲述的观点被别人反对时，心里会感到吃惊，当别人记忆的材料或讲述的观点很正确，便会茅塞顿开，这吃惊、茅塞顿开就成为新异刺激，使大脑兴奋，记忆力增强，从而有效地记住那些知识。因此，讨论是一种很好的记忆方法。

讨论前，要和同学商量好，讨论的内容、讨论的方式是什么样的，这样才能确保讨论取得更加理想的效果。

巩固所学的知识，当然不是简单的重复记忆，而是要做更深层次的理解与记忆，从而真正达到彻底理解。

所谓彻底理解，就是能够把这个知识里面最简单的内容和最复杂的内容联系起来。通俗一点儿说，就是不但要知其然还要知其所以然，也就是能够让知识融会贯通。只记住结果不明白过程、只背会了概念不会应用都算不上彻底理解。

举个简单的例子，学习一篇文章，只是记住了文章的作者、中心思想、行文脉络是不够的，最重要的是领会这篇文章美在哪里、好在哪里，自己要向作者学习什么等。这个时候，对文章的理解才算比较深入了。

4.通过综合题目进行练习

综合题目大都是综合了一个阶段或者几个方面的知识，考查的是答题者综合运用知识的能力。各科考试，都会有一些综合类的题目，需要平时加强练习，让孩子逐渐掌握解答综合题目的思考方式。

多动手有助于记忆

陆游写过一首教子诗，他在诗中说："纸上得来终觉浅，绝知此事要躬行。"陆游所倡导的"要躬行"的治学精神正是当下的素质教育，多动手、多实践，自主地把所学知识与现实联系起来。

从神经生理机制方面讲，知识运用得越频繁，大脑皮层上留下的痕迹就越深刻，暂时神经联系也就越牢固。运用的次数多了，学习者记忆的信息符号与对应的实践活动之间就会建立起紧密联系的第二信号系统的条件反射，这时的某些知识可以转化为能力和技巧，甚至潜移默化地改变人的身心。

那么，家长应该怎么做，才能指导孩子把动手与动脑结合起来，以实现对知识的快速记忆呢？可以参考以下方法。

1.动手做一做

学习过程中的很多知识都是与现实紧密联系的，教孩子动手做一做，能使枯燥的知识变得更直观。

孩子学习三角形内角和的时候，家长可以在家里寻找一些三角形的物品，然后让孩子量一量，把三个角加在一起看看一共多少度。家长还可以让孩子动手制作一个三角形的物品，制作完成后，让孩子量一量各个角的度数，算一算加在一起一共多少度。

孩子学习度量衡单位的时候，家长可以让孩子实地去丈量；学习自然知识的时候，可以支持孩子用望远镜观察星象；学习算术的时候，可以让孩子算算家里的生活开支；学习温度的时候，可以让孩子为家里的每个人量量体温；等等。

2.参与种植、饲养活动

城市里的孩子对自然的了解很有限。父母可以带上孩子去参加一些种植活动，让孩子从对植物生长过程的观察中产生切实的感受。举个简单的例子，有了参与种植的经验，孩子学习起发芽、开花、结果、绿叶、黄叶、枯萎、茂盛等词语来，就很容易理解。同时，也能轻松根据根、茎、叶等分辨不同的植物。

编故事记忆法

孩子都喜欢听故事。故事有吸引力，趣味性强，符合孩子的心理需要。为什么编故事能促进记忆呢？心理学研究证实，当学习材料既有意义又可以理解时，保存效果最好。在学习中，当遇到枯燥的材料时，不妨试着编编故事来促进理解。

1.编数学故事

当孩子学习数学的时候，家长可以鼓励孩子编编数学故事。这样做不但增加了趣味性，也有助于孩子理解。

比如，乔乔正在学除法，可是费了很大的劲儿，他也无法理解除法的意义。这个时候，妈妈就为他编了一个故事。

妈妈带乔乔去超市，去买小瓶的橙汁。妈妈一共带了15元钱，能买几瓶橙汁？一瓶橙汁3元钱。乔乔每拿一瓶橙汁，就交给妈妈3元钱，这样，一共拿了5瓶橙汁，就没钱了。乔乔开心地说："15除以3等于5。15是15元，表示钱数，3是每瓶3元，5就是可以买5瓶。”

2.编语文故事

在学习语文的时候，要记忆的内容很多，遇到不好记忆的内容，不妨编个故事来记忆。

编写故事法的奥妙在于寓教于乐，让人轻松愉快地记住材料。不过，最好自己动手编写，这样不仅加速了对材料的记忆，想象力和创造力也会得到锻炼和提高。

这种方法的特点是不易遗忘，记忆轻松，尤其适合背诵诗歌。

3.编英语故事

学习英语，最终的目的是提高孩子的英语表达能力。表达能力的基础是单词，但表达能力的强弱最终还是取决于孩子的英语思维。

当孩子开始学习英语的时候，其实已经形成了自己的中文思维习惯，家长只有逐步帮助孩子使用英语思维，孩子才能真正掌握英语。要想培养孩子的英语思维，就要让孩子多了解英语国家的生活习惯、语言习惯、社会风俗等特征，在此基础上多多用英语表达。

编英语故事是一种很好的记忆英语单词、语法的方法，最重要的一点是实现了英语思维。

第4章

放飞想象力
——想象力比知识更重要

人类的一切智力活动都离不开想象，想象把智力活动提高到一个连发明者自己都惊叹的地步。想象是智力的向导。如果没有想象，智力活动大概要停留在机械记忆阶段，填满的只是大脑的储存区，感受区、判断区、想象区存在着大量的空白，很难拥有伟大的创造。

不可小觑的想象力

爱因斯坦指出：“想象力比知识更重要，因为知识是有限的，而想象力概括着世界上的一切，推动着进步，并且是知识进化的源泉。”列宁说过：“有人认为只有诗人才需要想象，这是没有理由的，这是愚蠢的偏见，甚至在数学上也是需要想象的，没有它就不可能发明微积分。”

想象是对头脑中已有的表象进行加工改造，形成新形象的过程。想象的新颖性、形象性也是人们创造活动中不可缺少的因素。

人类的一切智力活动都离不开想象，想象把智力活动提高到一个连发明者自己都惊叹的地步。想象是智力的向导。如果没有想象，一个人即使每天都在学，即使读遍全世界的书，智力活动也不过停留在机械记忆的阶段，填满的只是大脑的储存区，感受区、判断区、想象区存在着大量的空白，很难拥有伟大的创造。

文学需要想象力，如果你的孩子爱好文学，完全有必要多做一些开发想象力的训练。比如，让孩子看着繁星点点的夜空，想象一下其他星球是什么样子；一个苹果不间断地削皮，削完后拉开，它像什么……这些训练需要孩子在所了解的知识的基础上，进行加工或者再创造而得出新的形象，所以能够锻炼孩子的想象力。

而对一些数理化能力比较强的孩子来说，家长觉得好好啃书本、多做题就好了，不需要什么想象力。想象是人脑对已有表象进行加工改造而创造新形象的过程，能够帮助孩子的思维超越经验事实，从而发现新的事实和理论。即使将来学理科的孩子也需要想象力。

早在飞机发明之前，人们就想像鸟一样在天空自由地飞翔。俄国科学家茹可夫斯基在研究鸟类飞行的基础上，提出了航空动力学的理论，正是通过对鸟类的一系列研究，终于找到了人类上天的关键所在。在人们模仿鸟类翅膀，采用大功率轻便发动机带动螺旋桨之后，美国莱特兄弟终于在1903年发明了飞机，实现了人类飞上天空的愿望。

闻名世界的发明家爱迪生，没有念过多少书，知识是靠自学得来的，但他有丰富的想象力，能充分利用自己已有的知识进行创造性的想象，并通过思维把想象变成发明创造。他一生的创造和发明达2000多项，其中为专利局正式登记的就有1000多项。

在学习过程中，很多来自前人实践和经验的知识，要通过想象来感受、理解和认识，当孩子看书、听讲、写作业的时候，面对的是文字、图表、数据等，孩子要在头脑里形成与这些知识相应的形象，才能理解和掌握，否则只能停留在机械识记的水平上。想象力水平越高，学习越高效。

见世面，丰富大脑的表象

小学生的想象水平主要是由他们头脑中已有的表象的数量和质量决定的。只有头脑中有足够多的表象，才能产生新的创意、新的形象。

表象是事物不在面前时，人们在头脑中出现的关于事物的形象。表象是以生动具体的形象在脑海中出现的，是关于某个事物或者某类事物的概括形象。一个孩子看了大象，他的脑子里会有一个庞大身材、长鼻子、大耳朵的动物，看过之后，闭上眼睛就能出现大象的形象。

孩子见到的世界越丰富，他头脑中的表象越多。把孩子的时间安排得满满的，去上各种班，虽然提升了才艺，但是当孩子的时间都用来学习、眼里只有学习的时候，眼界就会相对狭窄，未来的发展也会受到影响。

从小让孩子见世面，丰富多彩的生活更能丰富儿童大脑皮层里的表象，让孩子的智力迅速提升。

1.自然界

德国哲学家康德说："想象力是一股强大的创造力量，它能够从实际自然所提供的材料中创造出第二自然。"如果家长剥夺了孩子走进自然的机会，那么孩子的“第二自然”很难被创造出来。

自然界是一切知识的起源和萌发地，是创意和发现的大本营，这里包罗万象、色彩斑斓、变化无穷，能够激发人的想象。人类受大自然的巢穴的启发发展起了建筑科学；模仿鱼类发明了船；科学家根据野猪的鼻子测毒的奇特本领制成了防毒面具等。

奇妙的自然隐藏着无数没有被人类发现和利用的秘密，在孩子大脑发展最关键、最渴望玩耍的年龄，家长带孩子与自然亲密接触，比如，带孩子去海边拾贝壳、捉螃蟹等，去大森林、郊外游玩儿、采集，去动物园看猴子、狮子、老虎等。

教育家陈鹤琴认为“大自然、大社会是我们的活教材”。当孩子在自然界里看看美丽的花朵、摸摸树木、捡捡树叶、观察小动物时，感受着这个千姿百态的世界，兴趣一下子就被激发出来，想象力也会随之发展。

家长可以和孩子一起玩儿，也可以引导孩子关注某个点，因为探索未知的过程充满乐趣，孩子很容易产生兴趣，因此很容易做到寓教于乐。这个时候家长可以指导孩子仔细地、全面地观察，不断地比较、分析、综合，然后用富有感染力的生动形象的语言进行口头讲述。

2.带孩子进入社会

有一位销售厨房用具的妈妈，假期经常带着孩子去店里玩儿。很快地，这个孩子就知道了很多产品的品牌、名称、特征、价格，有顾客来的时候，他甚至比店员讲解得还要细致、有条理。有的时候，新的店员讲解有问题，客人走后孩子还会给店员指出问题，临时“培训”他。有人觉得这位妈妈早早就让孩子接触职场不利于孩子专心学习，恰恰相反，这个孩子头脑灵活，成绩不错，遇事冷静、考虑周全。

有关专家指出，由于当代青少年存在科学知识增多、社会知识相对不足的问题，导致他们心理承受能力较差，出现盗窃、自杀、伤害他人等事件。所以，从小让孩子多接触社会，不但能够为孩子的想象力发展提供充足的表象，也能增加孩子对社会的了解，提高孩子的社会适应力。

孩子对社会也有浓厚的兴趣，爸爸妈妈出门时，他会问去哪里，是否可以带他去。如果场合适合，家长最好带上孩子，去旅游、去见朋友、去参加派对、去运动，让孩子多见世面，多了解社会交往规则，将来进入社会后就会更加游刃有余。

总之，多带孩子见世面，可以拓宽孩子的知识面，进而激发孩子的求知欲。能够让孩子从心底里好学的关键，就是激发出孩子的求知潜能。

多些奇思妙想

想象具有预见的作用，它能预见活动的结果，在人们活动时为其提供方向。通俗一点儿说，很奇特的想法就是想象的结果。有人就是因为脑子里突然冒出了一个很奇特的想法，抓住了，就给世界带来了改变。

2008年国庆节，福州市台江区第六中心小学五年级的学生黄炜和母亲一起去广州旅游。出门时，妈妈考虑到福州的气温有些低，叮嘱黄炜多穿了件夹克衫。到了广州，天气比较热，黄炜只好把外套脱下来放进手提包里。

回来后，爱动脑筋的黄炜开始琢磨这样一件事：旅游时，谁都想轻松出行，所以，衣服是个关键问题。带多了累赘，带少了又有挨冻的可能，怎么做才能恰到好处呢？就在他背起书桌上的书包时，灵感来了，何不把外套改装成背包？

说干就干。黄炜在母亲的陪同下，从商场里买回了夹克衫、书包、拉链及钥匙扣等材料，连夜绘图、测算、加工及缝制。他开动脑筋，该藏的藏，该添加的添加，该封死的封死。3天后，一件神奇的背包御寒两用夹克衫问世了。在第十八届全国发明展览会上，黄炜的背包御寒两用夹克衫脱颖而出，获得了金奖。

通过这件事，有所触动的家长应该明白"胡思乱想"很有用，家长平时多多启发孩子"胡思乱想"，并积极行动，就等于给了孩子一把开启创造力之门的钥匙。

1.想象未来什么样

未来是孩子的世界，每个孩子都有关于未来的构想。家长不妨问问孩子，让他讲出来。讲述一遍后，这个构想的种子在孩子的头脑里说不定就会生根、发芽，直至长成发明、创造的大树。

谈什么呢？涉及衣食住行的东西都可以谈。有位家长问他非常喜欢车的儿子："如果有一天，你当了汽车工程师，想把汽车设计成什么样？"

孩子很神气地说："车体变小，这样马路就不会拥挤了。我的汽车上没有方向盘等装置，一切都通过电脑控制，我只要舒服地坐在车上敲击键盘，我的车就能顺利行驶。在电脑的控制下，车子能够自动选择路线、不用担心走错路；能够感受到100米以外的路况是什么样的，如果路面拥挤，就飞过去，飞到车少的道路上继续前行。车体我要刷上一种特别的漆，随着季节的不同而变换颜色。”这样的交谈因为融入了很多科学知识，会使孩子利用所学知识分辨自己想法的可行性，激发他对科学知识的学习欲望。

2.一起动手制作

空饮料瓶、塑料袋、包装盒等，都可以进行再创造。至于创造什么，就要看孩子的想象力了。当孩子没有这个创造欲望的时候，妈妈可以提示孩子：“你看看这个可乐瓶子，做个漏斗怎么样？”如果孩子做成了漏斗，妈妈给予肯定后对孩子说：“你再开动脑筋想想，还可以做成别的东西吗？”不管孩子做出花瓶还是风铃，妈妈都要鼓励一下孩子，让他觉得发挥想象力是一件很有趣、很快乐的事情。

如果孩子非常喜欢某个动物玩具，妈妈可以和孩子一起为这个动物玩具缝制一件衣服。缝制的过程也是孩子在脑海里设计衣服形状的过程，即使孩子的设计不是很完美，妈妈也可以采纳一下，做完后，妈妈可以和孩子讨论一下，怎么设计会更合适、更漂亮。这个过程能激发孩子进行更加深入的思考。

3.一起假设

家长可以和孩子一起玩假设游戏，假设自己是一粒种子，是一棵树，是一名航天员……然后家长和孩子轮流描述想象的情景。

4.玩“吹牛”比赛

闲暇时，家长不妨和孩子来个“吹牛”比赛。既然是吹牛，就一定要比对方强，才能战胜对方。玩这个游戏的时候，家长先要跟孩子说清楚，吹牛不是撒谎，这个吹牛比赛是为了娱乐，为了运用所学知识锻炼想象力和表达能力。吹牛比赛开始后，孩子吹得越大胆，家长越要鼓励。游戏结束后，家长要告诉孩子，在日常生活中不能随便吹牛，否则会让人觉得吹牛的人是个不切实际的人，容易失去别人的信任。

别让表达能力拖了想象力的后腿

当我们回忆一件事情的时候，比如，昨天下午去干什么了？脑海里立即会出现和朋友逛公园的画面，而不是“我和好朋友去公园了”几个字。如果表达能力特别强，伴随着这个画面，就会说出：“我昨天和好朋友坐在公园的长椅上观赏枫叶。”大脑是靠画面来记忆的，而且表达能力越强，描述出来的画面越形象、准确、生动。

想象的过程，需要语言的参与，想象是在语言的调节下进行的，并以语言的形式表达出来。如果孩子的想象力很强，表达能力不够，就会使想象停留在直观形象的水平上，而无法上升到语言的思维水平上，从而影响想象力的发展。

可见，语言的发展与想象的发展关系密切。小学生的语言发展只有达到一定的水平，他们的想象才可能从形象的水平提高到符号水平，使想象变得更加广阔、深刻，更加概括且富有逻辑性。家长可以从以下几方面着手提高孩子的表达能力。

1.描述出想象的世界

如果家长经常对孩子描述自己经历过的场面、看到的景象，并且尽量做到语言丰富、优美、清晰、形象、生动，不仅可以唤起孩子的想象力，更能激发孩子的表达欲望，他会寻找机会模仿家长的样子跟家人讲述一些事情，对提高表达能力起到潜移默化的作用。

家长除了身体力行地为孩子描述一些场面、情景，还要引导孩子多描述。比如，从外边回来看到了什么有趣的场面，鼓励孩子跟其他的家庭成员讲一讲，讲述的过程就是锻炼孩子想象力的过程。

家长和孩子出去的时候，见到彩虹、森林、高楼等，都可以让孩子结合自己的感触和想象描述一番。

2.描述漫画故事

孩子都喜欢看漫画书，把漫画书当成看图说话的绘本，让孩子描述出来，不但锻炼了孩子的表达能力，还发展了孩子的想象力。

3.描述快乐的感受

什么事情最令孩子快乐？被老师夸奖了，和同学一起出去游玩儿，考试得了100分，看了一部自己最喜欢的动画片……当孩子情绪很好的时候，家长不妨让孩子描述一下快乐的感受，也能锻炼孩子的表达能力。

4.给孩子吵嘴的机会

小伙伴在一起玩耍的时候，总会有些磕磕绊绊，于是互相盯着对方的脸开始讲述自己的理由。

儿童发展心理学认为，儿童语言的发展不是一个自发的过程，而是在社会生活条件下，特别是教育条件下进行的。如果孩子小的时候没有进入小伙伴的群体，或者总是处于被人欺负的状态，那么孩子的表达能力就相对较差。

这是因为孩子在讲道理、说服对方的过程中，大脑需要不断地思考说什么、怎么说。为了抢占先机，孩子在快速组织语言的过程中逐步学会分析、综合、演绎、归纳等最基本的思维方法，思考的敏捷性和逻辑性得到提高，促进了大脑的发育与语言的发展。

玩儿出来的想象力

形象是想象的基础，而没有想象就谈不上创造，有了丰富的形象积累，才能具备独特的想象力和创造力。如果孩子的世界里见不到形象，那么就会导致想象力匮乏。

在当今的应试教育体制下，很多家长为了让孩子取得好成绩，考个好大学，争着比着地抓紧一切时间让孩子多学习、多掌握知识，搞得孩子没有了玩耍的时间。

用玩耍时间换取学习成绩，真的有利于孩子未来的发展吗？答案是否定的。英国有句谚语："只学不玩儿，杰克变成小傻孩。"玩耍作为学习的一种方式，对孩子来说更重要。教育家陈鹤琴说："小孩子是生来好动的，是以游戏为生命的。"如果剥夺了孩子玩耍的时间，孩子的生活中没有游戏，那么孩子的成长就是一个畸形的过程，孩子的想象力、创造力、观察力、感知力都很难得到锻炼。

科学研究证明，绝大部分知识的最佳启蒙时期是在4～8岁。如果在这段时间只给孩子灌输书本知识，势必会影响孩子多方面能力的发展。也就是说，这种情况下学习的知识是死的，思想被现有的知识所禁錮，丧失了创新的能力，这样的人未来的发展也是有限的。

法国生物学家克劳德·贝尔纳说："构成我们学习最大障碍的是已知的东西，而不是未知的东西。"我们做一个比较，有很多大学生、研究生，乃至博士生，勤勤恳恳一辈子，却没有自己的建树，出现这种现象的一个原因就是把知识学死了，思想禁錮在了现有的知识层面上，缺乏创新意识和创新能力。

家长在孩子小的时候，就要树立一个观念——让孩子成为会活学活用知识的人，这样才不会忽视孩子想象力的培养。

研究人员通过对人体脑部功能的研究发现，科学家之所以具有丰富的想象力，是因为他们大脑中的想象区经常处在一种积极的兴奋状态，善于想象构思，创造新形象。而一般人对想象区的潜力却挖掘不够。

那么，我们如何培养孩子的想象力呢？至少要做到以下三点。

1.满足孩子自由玩耍的需要

在玩耍的过程中，孩子嬉戏、奔跑、跳跃、攀爬……玩儿的花样越多，越能较多地接触自然和社会，越能调动起全部感官和意识活动，想象力越强。

孩子天生是一个具有丰富想象力的玩家，所有的孩子都渴望自由玩耍，只有在游戏中他们才能表现出自己的想象力，所以，给孩子创造自由玩耍的条件，就是在发展和保护孩子的想象力。

孩子玩耍的时候，如果没有寻求家长的帮助，家长最好不要参与进去。这样可以给孩子创造自由玩耍的环境，让孩子的兴趣更加浓厚，能够更好地发挥自己的想象力和创造力。

2.玩耍的空间力求广阔而天然

玩耍的空间越大、越天然越好，因为越利于孩子动手操作的、形式越原始的玩具越利于孩子展开想象去创造。比如一节木头、一团泥巴等往往是最好的玩具。

3.选择灵动的玩具

孩子玩耍的玩具、环境越具有变化性，越利于孩子对自然的组织与形状留下深刻的印象，越利于孩子不断想象发明出新的玩法，越利于培养孩子随时随地地发挥想象力的习惯与能力。而这正是能否实现开创性学习、工作、研究的重要因素。试想，如果没有具备这种素质，面对从树上落下的苹果，牛顿不会想到万有引力；面对墙上的地图，魏格纳也不会想到世界海陆的最原始分布。

多做事提升想象力

想象是人对头脑中已有表象进行加工改造，创造新形象的过程，已有的知识、经验和丰富的表象是想象的基础。孩子的知识和经验除了从书本上、从前辈那里学习外，很重要的一点就是在动手做事的过程中，自己感悟和体验得到的。

手脚的每一条神经都与大脑连接、受大脑支配，而手脚不同的动作又可促进大脑的发育。研究表明，勤于动手的孩子更有创造力和想象力。

1.为自己做事

孩子在1岁左右，就有了自主意识，妈妈喂饭的时候，他要抢过来自己吃；妈妈给他穿鞋的时候，他要自己穿……如果从这个时候开始，家长就不断地给孩子做事的机会，教孩子怎么做，那么，孩子就会具备很强的动手能力。

要想具备很强的动手能力，需要在做事的过程中不断总结经验，掌握做事的方法与窍门。如果孩子在做事的过程中品尝到了快乐，就会提高做事的主动性和积极性，努力把事情做得更好。

当下，很多家长过于溺爱孩子，对孩子照顾过于周到，以致剥夺了孩子管理自己、锻炼自己做事能力的机会，导致孩子缺乏基本的生活自理能力，哪里还谈得上动脑筋把这些事做得更好呢？

一个人的动手能力是在做事的过程中锻炼出来的，3岁以后的孩子，应该让他学会自己吃饭、洗脸、如厕等。五六岁的孩子，可以给他安排一些扫地、浇花、擦桌子等简单的事情。孩子再稍大一些，可以根据个体情况安排他收拾文具、床铺、卧室，自己洗袜子、内衣等。要知道，孩子在动手做事的时候，脑筋是在思考的。思考的过程就是开发智力的过程，孩子的物品坏了，可以让孩子尝试着修理，锻炼孩子的动手能力。

2.帮助他人做事

当家长在家里做事情，孩子想要帮忙的时候，家长可以跟孩子一起做。比如，家长洗衣服的时候，可以让孩子拿晾衣架帮忙晾晒；如果赶上天气变化，可以让孩子关好窗户等。

平时去超市采购，可以带上孩子一起去，选择某种物品的时候，家长可以跟孩子解释为什么选择这个牌子，这个牌子的优势是什么，这种物品的用途是什么。当这些知识留在孩子的脑海里后，就丰富了他可供想象的素材，当灵感来了的时候，就能构造出新的形象。

帮助别人的能力是在帮助别人做事的过程中锻炼出来的，帮助别人的过程也是提升自我、丰富自我的过程。

利用故事想知识

有个孩子写了一篇文章，文章的题目叫《粉笔》。文章的内容是这样的：

我成了一根细细的、短短的绿色粉笔。我偷偷跳进了讲台上的粉笔盒里，当老师取粉笔的时候，我又钻进了老师的手心里。我想，这回老师就不用忍受讨厌的粉笔灰带来的痛苦了。不过，我可不能这么明目张胆啊！如果被老师认出来我是绿色的，老师一定会把我扔进粉笔盒，所以，我用一身白衣“武装”了一下自己，成了一根“披着白衣的绿色粉笔”。

每当我看到老师咳嗽的时候，我的心都像被针扎一样疼。课堂上的我再也无法安心听讲了，于是我想到如果发明一种环保粉笔，老师就不用那么痛苦了。

我用苹果、苦瓜、芦荟、淀粉提炼成一种新型粉笔，取名LB，这样粉笔还能净化肺部，老师以后就不会痛苦地咳嗽了。

我一定要努力学习，发明一种新型的绿色粉笔，让讨厌的粉笔灰不再影响老师的健康。

这是一名平常喜欢写故事的小学生写的文章。文章从老师被粉笔灰呛得咳嗽这个生活现象出发，展开联想，构思出了一篇极具想象力的小故事。

家长引导孩子以生活中的小事和小资料为素材创造故事，不但可以锻炼孩子的想象力，还能启发孩子在日常生活中多观察、多思考。生活的舞台很广阔，只要孩子成为一个有心人，提高观察力、想象力，不断练习写小故事，写作文的时候也就不会那么头疼了。

利用故事来锻炼孩子的想象力，除了从日常的小事出发，还可以通过以下两种形式的训练来提高孩子的想象力。

1.复述故事

复述故事可以从孩子几岁的时候开始，那个时候讲述的故事比较简单，孩子的复述可能是机械记忆性的，但能大大丰富孩子的记忆表象。随着孩子年龄的增长，孩子所读故事的情节和内容变得越来越复杂，这个阶段，孩子具备了一定的语言理解、组织能力。

孩子语言能力的提高，表现为在理解的基础上能够自行组织语言的能力。当孩子已经具备一定量的词汇、语句、段落文字的积累后，要记住的是故事的主线、情节发展、文章结构方式等，然后用自己的语言把故事讲述出来。讲述的过程也就是再创造的过程，想象力、思维力不知不觉就提高了。

2.改编故事

所谓改编就是以原故事为素材，对读到的故事情节和角色进行改编和创造。改编故事有几类选择。

一是课本上的文章。改编这类文章，有利于孩子加深对课本知识的理解与记忆，在改编的过程中，能够起到预习、复习的效果。

二是名作家的文章。这类文章文字准确、叙述流畅，多读这样的文章有利于提高表达能力和鉴赏能力，促进语言学习的正规化。如果进行改编，益处就更大了。

三是孩子读的文学作品。这类作品针对性强，立足于孩子的成长需要，语言风格符合孩子的阅读兴趣。改编这样的故事，对培养孩子的文学素养、提高想象力大有好处。

孩子在改编原作的时候，会犯一些常识性的错误，如果这些错误是孩子所属年龄段不可避免的，家长就不要纠正，让孩子毫无限制地编下去。等孩子掌握的知识丰富起来后，就不会犯常识性的错误了。

在阅读中想象

想象力就像一只小鸟，知识、经验越丰富，学识越渊博，头脑越充实，飞得越高。但是，想象不是凭空产生的，它是人脑对客观现实的反映，必须以丰富的知识、经验为基础。一个人头脑里掌握的知识越丰富，他能够借助的想象的表象就越多，从而越利于生发出新的形象，而阅读是获得知识的重要途径，所以阅读是想象力生发的土壤。

阅读能够促进想象，不仅仅由于阅读是获取知识的重要途径，还在于阅读是由连续的、富有形象性和逻辑性意义的组合，可以促使大脑主动地去进行富有想象力的创造性思维。

1.广泛涉猎，做个杂家

大发明家爱迪生一生有2000多项科学发明，源于他从小勤奋好学。爱迪生10岁时就阅读了《美国史》《罗马兴亡史》《大英百科全书》，11岁时就阅读了牛顿的一些著作，以后又阅读了诸如电学家法拉第等人的著作。正是由于他从小涉猎各种书籍，积累了丰富的科学知识，才为他以后发挥超常的想象力，进行发明创造打下了坚实的基础。

家长从小要引导孩子努力学好各科知识，打下坚实的理论知识基础，还要鼓励孩子广泛涉猎多学科、多领域的知识，引导孩子积极参加科技、文艺、体育等活动，进行课外阅读、科技制作、绘画、写作、科学实验及参加各种兴趣小组等，以丰富孩子的生活经验。

2.阅读时，留空白、找空白

所谓留空白，就是读着读着，跳过一大段或者几段，然后接着读。读完后，想象跳过的那些段落所讲的内容，想完以后，再看原文，如果自己的想法和原文完全不同，就分析一下，作者为什么选择那样写，如果按照自己的想法去写，结果会怎样。

另外，每一篇文章里面都有很多“空白点”，也就是作者没有说完的话，留给读者去思考。主动创造想象机会的过程，也是加深对文章记忆、理解的过程，不但锻炼了孩子的想象力，也促进了其对所学知识的记忆。

3.做补充式笔记

有的时候，读完一篇文章，会觉得作者的结局安排、人物塑造并不是很符合自己的想法。这个时候，家长可以教孩子按照自己的想法把原文的结局补充一下或者把原文里的人物改一下，人物性格改了，故事情节、故事结局就要随着改变。

有一点要注意，如果是补充原文，就要遵从原文的意思，围绕中心思想加以引申或发挥。如果是改变故事里的某个人物，也要考虑到没有改变的部分的原意，所以改变也是有限制的。

4.做心得式读书笔记

读过一本书、一篇文章后，可以教孩子写心得式笔记。这类笔记要紧贴原文，写出自己的认识、感想、体会、受到的启发等。最好能结合自己已经学过的知识、对人生的看法、对生活的感悟等，如果能够针对原文的某些论点，写出批评、商榷的意见，就更能锻炼思考力、想象力了。

与图画亲密接触

黑格尔在他的《美学》中指出："最杰出的艺术本身就是想象。"作为艺术形式之一的绘画，不管是学绘画，还是欣赏绘画作品，家长引导好了，都能很好地培养孩子的想象力。

1.不以像不像为标准

孩子在4岁前后进入绘画的敏感期，这个时期的孩子，手里握着一支笔到处涂鸦，一天比一天更准确地表达出对生活、对自然、对周围所发生的事情的真实感受。儿童时期是想象力最丰富的时期，孩子更喜欢在绘画中表现自己丰富的想象力。

但是，有的家长却看不惯孩子信手涂鸦，喜欢让孩子一笔一画地、有模有样地画出形状。家长这么做，其实是在扼杀孩子的想象力。

想是动词，就是动脑筋；象，就是图像、形象或画面。想象，是主观性的东西，想象的空间具有无限性。想象是不受自然知识、科学定律、传统观念、道德习惯、规则制度等限制的，它可以打破现实事物的真实限制，因此，孩子在绘画的时候，家长绝不能以像不像为标准，更不能以此来评价孩子的绘画能力。如果家长以像不像为标准要求孩子，孩子的画就会向“像”靠拢，而不是自己感知觉、情感的表达，就会丧失想象力。

如果家长肯定孩子的想象，孩子就会更加大胆地想象，想象力就会随之变得更强。所以，在孩子绘画的时候，不管孩子将现实的物体如何夸张、错位、变形、组合……家长都要给予孩子肯定，这样孩子才不会约束自己，尽情挥洒内心的想法，想象力也就获得了自然、大胆的表现。

2.试着模仿

如果孩子在绘画的过程中，主动去模仿某一件物品、某一幅画，家长也不用担心这样绘画会影响孩子想象力的发展。模仿绝不是无意识地抄袭，而是把眼前看到的和脑海里已有的表象通过自己的头脑再造出来，所以模仿也是一种想象，是再造想象。

3.拓展原图画

孩子手边的图画真的是太多了，各种绘本、贺卡、明信片、包装纸上的宣传画等，很多时候，孩子看了也就是看了，不会进行过多的思考。

如果家长有意识地和孩子讨论一下，问问孩子："如果这幅画让你来画，你会画成什么颜色？""如果在这幅画上添加一些什么图形，会显得更高雅？""这个颜色如果换成蓝色，效果会怎么样？""这幅画的结构安排合理吗？""这幅画给你什么样的感受？""你觉得这幅画向观赏者传递了什么内容？"

细节关注多了，孩子就会养成细心观察、思考他见到的每一幅画的习惯，并根据这幅画展开各种想象。

家长还可以把一张完整的图画撕开，让孩子按照呈现的部分发挥想象力，画出或者描述出被撕掉的部分。生活中，只要家长有意识地鼓励孩子，为孩子创造一定的条件，就能促进孩子想象力的发展。

4.看图说话

当面对地图、旅游照片等图片的时候，家长可以启发孩子想象一下这幅图画的真实景象是什么样的，比如：那里的气候是温暖一些还是干燥一些，那里的人们为什么穿着与自己不同的衣服，那里的植物都有些什么，那里发生过什么历史事件等。

多种感官想象法

如果孩子接触到一件事物，能够运用多种感官去感受，那么留存在大脑里的表象会更加丰富，想象力也更强，智力活动会提高到一个新的水平。

当孩子进入一个新环境的时候，家长可以提示孩子综合运用多种感知觉，然后大胆想象。

1.在观察中想象

在学习的过程中，有75%以上的任务需要视觉的参与。利用观察到的景象进行想象，是绝不能忽略的一种锻炼想象力的方式。

当和孩子一起出去玩耍的时候，看到一个短暂出现的镜头后，家长可以问问孩子，刚才看到了什么，由此想到了什么。根据当时的条件，说出来、写出来、画出来都有利于孩子想象力的培养。

2.听声音想象

不同的发声体发出的声音是不同的，所以不同的声音背后有着不同的故事。当孩子能够通过听声音展开想象的时候，孩子想象的天空就变得更广阔了。

一边听音乐一边想象，将是多么快乐的事情啊！听过一段音乐后，家长可以和孩子讨论听到了什么、感受到了什么，是鸟语花香，还是狂风暴雨？是宇宙漫步，还是时空穿越？这是对孩子听觉想象力的锻炼。

比如，听《二泉映月》，边听边想象，听到了什么，看到了什么，想到了什么。每次听音乐都这样问自己，想象力就能被充分激发出来。

一边听声音一边想象。声音可以是读书声、评书声、歌唱声等。声音的世界很丰富，它能够引发无限的遐想，因此，老师在讲某些课文时如果穿插一些声音进去，让学生听声音，不但会使学生兴趣盎然，也可以激发学生的想象力。如教学《赶海》时，可以让学生听海的声音，想象大海的广阔；教学《黄河的主人》时，可以让学生听黄河的声音，想象黄河的汹涌；教学《小镇的早晨》时，可以让学生听小镇由宁静到热闹的声音，想象小镇的热闹情景。听声音，让学生产生身临其境的感觉，想象也在这时起飞。

老师生动形象、富有感情色彩的语言，同样也能感染学生，把学生带入文本所描绘的情景，打开学生想象的大门。如教学《槐乡五月》时，请学生闭上眼睛，跟着老师走进那美丽的槐乡。老师诵读："五月，洋槐开花了。槐乡的山山洼洼，坡坡岗岗，似瑞雪初降，一片白茫茫……整个槐乡都浸在香海中了。"听着老师的朗读，学生一个个也沉醉其中，展开了丰富的想象。

3.在闻味道中想象

让孩子们闭上眼睛闻各种各样的气味，边闻边想象，刺激孩子的嗅觉系统，然后通过交流，表达自己的感受。

在一个不透明的袋子里放上不同质地、不同规格的物体，让孩子们摸一摸，刺激他们的触觉系统，再通过老师的引导进行大胆的描绘。放一段音乐，让孩子们仔细倾听，刺激他们的听觉系统，让孩子们用手上的绘画工具表达听到音乐后的感受。这些尝试将会取得很好的效果，也会充分调动孩子们的好奇心、积极性、探索欲望，培养他们的想象力。

第5章

集中注意力
——让孩子学得更专注

注意是心理活动或意识对一定对象的指向与集中。课堂上，如果孩子的心理活动选择了听老师讲课，就不会关注自己的文具盒怎么样、身边的同学怎么样，而是专心听老师讲课。

注意的指向性和集中性

同一个课堂上，同样的老师，为什么有的孩子两眼注视黑板，紧跟着老师的思路走，而有的孩子却沉浸在自己的世界里，玩文具、东张西望呢？是什么导致他们的注意对象大不相同呢？

我们需要先了解一下注意这个心理过程的相关知识。

注意是心理活动或意识对一定对象的指向与集中。课堂上，如果孩子的心理活动选择了听老师讲课，就不会关注自己的文具盒怎么样、身边的同学怎么样，而是专心听老师讲课。而一旦孩子对自己新买的文具盒产生兴致，摆弄着玩儿，就无法集中精力听讲了。

如果说注意的指向性是指心理活动或意识朝向哪个对象，那么，集中性就是指心理活动或意识在一定方向上活动的强度或紧张度。心理活动或意识的强度越大，紧张度越高，注意也就越集中。

用一个故事来诠释，更容易理解。

世界上首位获得诺贝尔奖的女性科学家玛丽·居里小的时候就非常热爱读书，不管周围有多么热闹，她都能把注意力集中到读书、学习中去。有一次玛丽在做功课，姐姐和一群小伙伴在家里唱歌、跳舞、做游戏，她们希望玛丽也加入，但是玛丽像没看见她们的快乐一样，在一旁专心地看书。姐姐和同学悄悄地在玛丽身后把椅子码起来，码得高高的，只要玛丽一动，椅子就会倒下来。大家一边玩耍一边留意玛丽，时间一分一秒地过去了，玛丽读完了一本书，可椅子还是在那里码得好好的。

当居里的注意指向读书的时候，她的注意力就集中到了书籍上，对她来说，周围的一切都不存在了。

在注意的状态下，人们才能对事物的个别特征进行精细加工，并将其整合为一个完整的物体。注意不仅是个体进行信息加工和各种认知活动的重要条件，也是个体完成各种行为的重要条件。在课堂上，要听懂老师所讲的内容，注意听讲是个重要条件。因为在注意状态下，才能有效地监控自己的动作和行为，从而达到预定目的，避免失误，顺利完成相应任务。注意听老师讲课的时候，才能监督自己不走神，运用自身的知识系统去思考、理解老师所讲的内容。

明确学习目的

军军是一名三年级的小学生，既是老师眼里的机灵鬼，也是让老师头疼的不爱学习的学生。

有一天，数学课上，老师讲轴对称图形，大家都在很专心地听讲，军军却一直在捣乱。一会儿抬头冲着房顶发呆，一会儿扭头看看窗外，一会儿又低头鼓捣鼓捣书包，老师看了很生气，让他起来回答问题。老师给他提出一个简单的问题："你用什么办法，可以发现一个图形是轴对称图形？"军军眨着眼睛说："我没办法！"

老师板着脸问："你刚才听什么了？"军军眨着眼睛说："听您讲课啊！"老师说："听我讲课你怎么不知道！"军军回答："我在应付您啊！""应付！"老师当时气得差点儿背过气去，这个孩子竟然把上学当成了应付！

下课后，老师把军军喊到办公室，问他来上学是应付谁。军军仰着头说："应付我妈啊！我本来不喜欢上学，可是妈妈非要我来上学，我也只能应付一下了！"老师被雷晕了，一句话也说不出来。

如果孩子不懂得为什么学习，就很难始终做出正确的学习行为，表现为上课无法集中注意力听讲，课后无法主动做家庭作业等。所以，当孩子入学后，妈妈必须向孩子阐明学习活动的目的和任务。学习是为了掌握知识，获得生存的本领。在不同的年龄段有不同的学习任务，努力学习并掌握所学知识才是正确的做法。

生活中，家长要监督孩子的具体行为，使其具有积极的正面意义，这样有利于孩子形成正确的价值观，在实施具体行为的过程中明白"我要什么"，通过认识自我、发现自我的过程制订适当的目标。

当孩子能够自发制订具体的学习目标时，会更加心明眼亮。坐在课堂上，心中怀着"我一定要听好这堂课"的愿望，会主动地约束自己，克服思想开小差、身体乱动等坏习惯。当这种积极的听讲态度持续一段时间之后，就能够建立起上课集中注意力听讲的好习惯。

注意包括有意注意和无意注意。有意注意也称为随意注意，是有预定的目的、需要做一定努力的注意。有意注意是受意识的调节和支配的，学习目的明确的孩子能在学习的每个环节较好地发扬有意注意的精神。

家长引导孩子在学习新的课堂知识之前，预习一下要学的新科目，列举出重点、难点问题，这样，有了预定目的，孩子带着任务上课听讲，更能集中注意力。当然，对于小学三年级以下的孩子来说，预习的时间要尽可能用得少一些。因为他们的课程相对比较简单，如果课前掌握了，上课的时候就容易滋生骄傲、自满的情绪，导致思想开小差，反倒不利于孩子养成上课注意听讲的习惯。

净化学习环境

环境影响人，环境造就人。当家长让孩子置身于一个充满了书香的家庭环境，书房里除了书、学习工具，没有什么可扰乱孩子注意力的物品，那么孩子更容易集中注意力。

注意力具有一定的发散性，当孩子写作业的时候，一些与学习无关的声音、视觉刺激物，以及孩子感兴趣的物品、事件等，会扰乱孩子的注意力。一旦孩子注意力不集中，精力就会从学习上转移到这些与学习无关的事情上来。

一个在学习上不能集中注意力的孩子，因为不能好好听讲，不能专心做作业，完成不了学习任务，就不会有好成绩，进而丧失学习兴趣，甚至产生厌学情绪。

实验表明，在一般情况下，6～10岁儿童可以连续集中注意20分钟左右，10～12岁儿童可以集中注意25分钟左右，12岁以上儿童可以集中注意30分钟左右。在组织好的教学中，小学高年级学生可以保持注意30～45分钟。

培养孩子的注意力，家长可以从以下几方面着手。

1.保持家中环境安静

家长要有正当的兴趣爱好，做爱学习、爱思考、有上进心的人，不要在家里聚赌、喝酒等。为孩子布置一个单独的房间，房间最好能离客厅远一些，房间内应尽量少放置一些图画、照片、玩具，也不要有电脑、电视、游戏机等。当孩子学习的时候，尽量为孩子创造良好的学习环境。

2.给孩子独立的空间

“6＋1”的家庭结构，加之孩子的机灵可爱，决定了孩子在家庭成员中居于被关注度之首。孩子过于被关注，会影响其注意力的培养。被关注度太高直接导致的后果是：当孩子做一件事时，总会有不同的家长给予不同的意见，或者当孩子在做这位家长吩咐的事时，又会有另一位家长让他做另一件事。这样会使孩子的思维总是处于切换和跳跃当中，对事物的注意力无法集中和持久。

家长不要把过多的精力放在孩子身上，如动不动就对孩子说：“写作业了吗？”或者当孩子正在写作业的时候，走上去拍着孩子的肩膀说：“好好写作业啊！”

学习是孩子自己的事情，家长总是这么没完没了地叮嘱，不但扰乱了孩子的思维，还会给孩子带来压力，打击孩子的学习热情。所以当孩子写作业的时候，家长只要忙自己的事情就够了。如果孩子需要帮助，他会主动提出来的。

3.找恰当的时机与孩子沟通

当孩子玩耍、做事的时候，有的家长不考虑孩子的具体情况，在不征求孩子意见的情况下，就走过去指指点点，即使家长是利用这个机会教育孩子或者给孩子提供更佳的做事方案，也容易分散孩子的注意力。

当孩子忙着做自己的事情时，家长最好不要打断孩子，更不要强迫孩子做别的事情，让孩子专注于自己的事情，是培养其注意力的最好时机。家长若想与孩子沟通，要寻找专门的时机，和孩子坐下来，专心聊一聊。

把抽象知识形象化

在小学阶段，特别是低年级的孩子，如果所学知识比较枯燥，孩子难以理解，就很难让孩子集中注意力。原因主要有两个：

1. 12岁前，右脑思维为主

低年级学生注意的集中性水平较低，注意集中性的深度不足。孩子在12岁以前，以右脑思维为主，他们较多用图像记忆和思考，所以善于理解具体、形象的事物，而不善于分析抽象、概括的材料。

2.孩子自控力较差

小学阶段的孩子，如果学习兴趣不是很高，当学习遇到困难的时候，很容易发生注意力偏移。

为了让孩子能够集中注意力攻克难题，聪明的家长会教孩子把抽象的知识形象化。那么，如何把抽象的知识形象化呢？常见的方法有以下几种：

图画法

背诵古诗的时候，孩子很容易被晦涩的语句难住，即使努力勉强记住了，过不了多长时间又忘记了。为了帮助孩子有效地理解、记忆诗句，家长可以教孩子把诗句画成图画，这样，大脑面对的是一些画面，记忆起来就容易了。

动手操作法

当有些公式理解起来比较困难的时候，可以通过动手操作的方法来帮助理解。

比如，学习三角形的时候，可以用能抽拉的三条卡片尺钉成一个三角形，每两条卡片的连接处故意松一些，然后让孩子操作，看看这个三角形是否能改变形状。通过这个操作，孩子就认识了三角形的稳定性。

学习平行四边形的面积的时候，就不会像理解长方形的面积那么轻松了。这个时候，如果让孩子死记硬背，即使记住了，孩子还是没有搞明白为什么是这样的。

这个时候，家长可以指导孩子画出一个平行四边形，然后想办法把这个平行四边形变成长方形。当孩子发现，一个平行四边形可以变成面积相等的长方形，而且变换后的形状正是平行四边形面积的求解公式的时候，孩子一下就理解了长方形和平行四边形的关系。

在引导孩子把抽象的知识形象化的过程中，要记住一点，那就是画面感越强、越能具体地动手参与，越有利于大脑的理解和记忆。当然，画面结构、动手程度是由孩子自己决定的，只要符合孩子的思维就可以了。

知识有趣了，孩子就爱学了

我们对有趣的事情记忆往往比较深刻，隔很久还能回忆起来，这是什么原因呢？当一个人遇到有趣的事情时，就会在大脑皮层形成优势兴奋中心，使注意力高度集中，整个智力活动的品质得以提升，记忆敏锐，思维活跃，所学内容清晰地反映在脑海里；相反，如果缺乏兴趣，就会对所学内容漠然置之，难以集中注意力，家长逼急了，孩子还会产生厌学、畏学等抵触情绪，结果会更糟。

如果家长能想办法让学习变得有趣，孩子对学习产生了兴趣，就能够在学习上维持稳定而集中的注意。那么，怎样才能使学习变得有趣呢？可以尝试以下方法：

1.建立“文字银行”

很多孩子厌烦写字，特别是当堂课要掌握的生字很多，需要放学后练习的时候，心里就更烦躁了。心里一烦躁，思想就容易开小差，次数多了，错过了认字的机会，知识的漏洞就出现了。

生字是语言学习的基础。一个孩子连字都不认识，听不懂老师所讲的内容，怎么能集中注意力听讲呢？所以，要想让孩子对学习产生兴趣，先要对识字感兴趣，能够集中注意力学字。

家长可以为孩子建立一所“文字银行”，把孩子每天掌握的字放进“文字银行”里，当孩子看到自己认的字越来越多的时候，就会感到满足和愉悦，学习积极性就会变高。

“文字银行”的活动很有趣，能够激发孩子的有意注意。家长准备一个大空纸箱，用胶条把各个部位都封好了，只在最上面留个开口，取个名字叫“文字银行”。然后，家长再制作一些小卡片，放进塑料袋里。家长可以把孩子每天学会的生字、词语写在卡片上，卡片的另一面拼上拼音。最后，家长可以考考孩子，考试的方式主要有两种，一种是让孩子看着拼音那一面写生字，另一种是看着生字那一面拼拼音。如果孩子能顺利完成这样的考试，家长就可以把某个卡片放进“文字银行”里。

家长把卡片放进去并不意味着那个字就是孩子银行里的“存款”，家长随时都可以从里面拿出一张卡片来考考孩子，如果孩子被考住了，家长就重新把这个字拿出来，第二天还要考试，考试通过后，才能把这个字存进“文字银行”。

为了让孩子切实感受到他认字的数量越来越多，每个月家长都要和孩子一起盘点一下，看看孩子的“文字银行”里存了多少生字。然后制订一个计划，到期中掌握多少字词，到年底掌握多少字词，这样更能对孩子起到积极的促进作用，促使孩子集中注意力听课、复习、做作业。

2.扑克牌算数法

算数可以说是数学学习的基础，如果孩子的算数能力没有得到充分的锻炼，就会影响孩子数学能力的发展。

为了激发孩子学习数学的兴趣，家长可以和孩子一起玩扑克牌，每天和孩子一起算算数，在熟能生巧的运算过程中，孩子的数感、算数能力就能得到逐渐提高。

为了更好地发挥扑克牌的算数效果，家长要尽可能地多拓展玩法。最初，可以把所有大于10的扑克牌都当成1，这样相当于10以内的加减法，运算起来比较简单，孩子兴致高，愿意算。等孩子熟练地掌握了10以内的加减法以后，家长就让那些比10大的扑克牌恢复原貌，进行10以上的加减法运算。

学习前，有个好心情

有的孩子不能集中注意力，一个很大的原因就是情绪不好。当孩子处于焦虑、痛苦的消极情绪中时，就会心灰意冷，沮丧消沉，影响孩子的学习状态。

比如，当孩子上学前，爸爸妈妈吵架了，吵嚷着要去离婚。孩子到了课堂上，满脑子都在担心父母会不会去离婚，甚至盼望着早点儿下课好回家看看。这种情况下，孩子怎么能够专心听讲呢？

当孩子有了消极情绪的时候，家长要帮助孩子找到情绪的症结，让他重新获得好情绪，以便能开开心心地学习。

1.营造快乐的家庭环境

充满爱、平等和自由的家庭是最快乐的家庭。在这样的家庭里，父母和孩子是平等的关系，父母尊重孩子自主的权利，不强迫孩子，不把个人意志强加到孩子身上。

在这样的家庭里，父母以自己积极、勤劳、智慧的行动给孩子树立起了一个良好的榜样，让孩子愿意与父母沟通，更愿意接受父母的建议。父母除了关注孩子的饮食起居外，还非常关心孩子的情绪。即使孩子做了错事，父母也尽力控制自己的情绪，不在孩子面前情绪失控，而是和孩子进行有效的沟通，达到教育目的。

2.不要过于看重分数

有的家长希望孩子学习成绩好的心理太急切，一天到晚说的都是学习。早上上学时，常常会叮嘱孩子上课不要走神儿、写作业不要马虎、下课后不要到处乱跑等。家长觉得，这样叮嘱孩子一下，孩子就会学好。其实，这只是家长自己的想法，而孩子可能完全没有把家长的话放在心里。所以，上述类似的叮嘱不一定能够对孩子起到积极的作用。

相反，如果家长对孩子说："宝贝，新的一天的校园生活又开始了！妈妈祝你度过快乐的一天！”这样，孩子轻松地走进校园，在妈妈希望他快乐的积极暗示下心情会很放松、快乐，学习起来也能更加投入。

所以，不管是校门外、家里，还是出行的途中，家长都不要总是跟孩子唠叨学习那些事，即使孩子学习成绩不好，唠叨也不是切实可行的方法。家长要明白，一个孩子若想取得好成绩，除了智力因素外，学习方法、学习兴趣、学习习惯等非智力因素更重要。家长可以耐心地和孩子一起寻找成绩不好的原因，并有针对性地改正，这才是较快改善学习状况的好方法。

3.教孩子理解老师

有的时候，孩子上课不好好听讲，是在跟老师作对。当孩子把不好好听讲当作报复老师的手段时，家长不要责骂孩子，而是要引导孩子说出自己真实的想法。

最近，文文写数学作业比较费劲，妈妈在QQ上和老师了解文文的学习情况，老师说：“最近文文上课不注意听讲，写作业也不及时。”妈妈听后虽然生气，但是并没有向文文发作，而是耐心地辅导文文写完了当天的作业。

写完后，妈妈说：“作业写完了，就不用担心被老师批评了！”谁知文文撇着嘴说：“随便啊！谁怕他批评！”文文平时对人很温和，今天态度怎么这么激烈？妈妈抚摸着儿子的头说：“不怕被老师批评？”

这时，文文仿佛觉察到了什么。他委屈地拉着妈妈的手说：“上次，我同桌在课堂上说话，老师批评我上课不注意听讲。糊涂老师，一点儿都不英明！让他冤枉我，一上课我就捣乱！气死他！”

妈妈明白了，儿子是因为被老师误解而影响了学习。妈妈没有指责儿子，也没有跟儿子讲大道理。只是说：“妈妈也有误解你的时候，每次不都是你私下里向妈妈提出来，然后我们又和好了？老师也像妈妈一样关心你啊！老师每天那么辛苦，无意中犯了错误，难道不应该被原谅吗？妈妈相信你，你很勇敢，一定能够把这件事处理好。如果你不好意思当面跟老师说，可以给老师在QQ上留言啊！”

第二天放学后，文文开心地对妈妈说：“妈妈，我昨天给老师留言了，老师向我道歉了。谢谢妈妈教我这个好方法！”

家长一定要明白，孩子对老师的好恶直接影响孩子学习时的心情，所以，即使老师真的有什么错误，家长也不要对孩子说老师的坏话，而应引导孩子看到老师的长处，这样，孩子对老师才会心存友善和尊敬，才愿意学习。

和孩子一起玩注意力游戏

注意力涉及很多方面，比如注意的转移能力、注意的广度、注意的分配能力等，孩子注意力越强，越能适应各种环境对注意力的不同需要，实现清晰地感知、深入地思考。所以，家长可以有意识地对孩子进行注意力训练。

一堂课几十分钟，孩子能否高效率地利用好这些时间，取决于一个很重要的条件——注意力的稳定性。孩子只有坐得住，才能集中精力听老师讲课。但是，这种稳定性并不是说孩子一节课都要背着手端坐在那里，因为一个人注意力的最佳状态大约能维持20分钟。所以，这里就涉及一个注意力的转移与分配能力。有经验的老师在讲课的时候会设计一些小缓冲，以便于学生抓住机会放松一下，然后再进入高度集中的状态。但不是每个孩子都能摸出这个听讲规律，家长要告诉孩子多留意，主动跟上老师注意力的调节节奏，这样就能战胜疲劳，维持注意力的稳定性。

1.训练稳定性

针对年龄较小的孩子自我控制能力比较差的特点，家长可以有意识地磨炼一下他们的意志。比如，孩子想吃糖，妈妈可以对孩子说："20分钟后妈妈给你，你先做自己的事情。"

如果孩子正在写作业，没有完成就想停下来，这个时候，家长要提示他，一定要做完，才能去做另一件事。如果孩子实在没耐心，家长可以陪伴一下，或者给一些奖励。但是，这种外界的刺激不可以过频过久，等孩子有了一定的集中做一件事情的意志力后，就不要用了。

2.注意转移的训练

高品质的注意力需要有一定的稳定性，但并不是说注意力只盯住某一个点，而是能够在不同的点上切换，不管怎么灵活变动，都不会脱离重点。

关于注意力转移训练，有个著名的题目做起来很有趣。

8　6　0　6　6　2　8　0

2　6　6　0　6　6　2　8

家长随意写出一组数，上面一行，下面一行，然后让孩子按照一定的规则做加法。规则是：把上下对着的一组数相加，加完后把结果的个位数写在刚刚相加的左边的上一个数的后面，而把上面的那个数移到下面正对着，以此类推，把一组数做完，看看结果怎么样？

第二组练习做起来更有趣。

6 2 6 8 6 2 6 0

2 0 8 2 0 6 8 2

先把第一组数对着相加，然后把两个数的和的个位数写在右边的下面，把左边下面的数移到上面，以此类推，把一组数做完，看看结果怎么样？

在不断练习的过程中，家长会发现，孩子的错误率在不断下降，这说明孩子的注意力转移能力越来越强了。

3.注意广度的训练

要想训练孩子的注意广度，就要提高他们的整体知觉能力。训练学生的注意广度，有个比较有趣的测试，孩子都喜欢做。

家长在一张纸上写出一些数字，注意这些数字是无规则摆放的，然后，家长给孩子出题目，比如画去“2”和“6”、画去“9”、画去“0”等。

1 4 3 4 9 7 3 8 2 6 4 7 9

3 0 2 7 2 5 4 2 6 9 1 5 4

4 2 6 3 0 1 5 6 4 8 2 3 8

孩子画完以后，家长要给孩子打分，全部画对的数字的总和称为粗分，画错的加上1/2漏画的称为失误。粗分减去失误称为净分。

净分＝画对数－（画错数＋1/2漏画数）

失误率＝（画错数＋1/2漏画数）÷画对数×100%

然后和孩子一起算一算自己的注意广度怎么样。一般来说，经过多次重复练习，净分会逐步提高，失误率会逐步下降。

当孩子的注意力广度很差的时候，家长可以随时随地对孩子进行训练，比如刷牙的时候回忆英语单词、扫地的时候想着自己没有做出来的难题、择菜的时候背诵古诗、用5秒钟看一些东西然后闭上眼睛说出这些东西的名称等。

4.注意分配的训练

注意的分配是完成复杂工作任务的重要条件，注意分配能力在一定程度上反映了孩子注意品质的高低。为了培养孩子注意分配的能力，有时候，在不影响做事效果的情况下，孩子可以同时做两件事，家长没必要一定要孩子专心做一件事，两件事同时做有助于锻炼孩子注意力的协调性。

注意分配能力强的孩子，在课堂上，能够协调好听讲和记笔记，更不会因为看了一眼同学的恶作剧就跟不上老师的讲课速度了。

走神儿的常见原因：听不懂

孩子上课不注意听讲，我们常常会把它归咎于贪玩儿。这么想有点儿武断，有的孩子确实听不懂。听讲是随意注意，知识讲解对随意注意有重要的影响。当老师所讲的内容对孩子来说很陌生、难度很大，往往很难维持注意。相反，那些成绩好的孩子，很少走神儿，即使偶尔思维开小差，也能很快回来，就在于他们有充分的知识基础，能快速理解，能较容易维持注意。

当孩子学习成绩比较差的时候，我们可以问问孩子是不是听不懂，或者问问老师孩子上课听讲的情况，在此基础上再与老师沟通，更利于解决孩子走神儿的问题。

1.问孩子

书包是家长了解孩子学习情况的窗口，家长不要觉得这样做是侵犯孩子的隐私，只要在翻看书包之前，征得孩子的同意就好了。

家长翻看孩子笔记本的时候，不要觉得笔记记得很清楚、全面就认为孩子是注意听讲了，因为有的孩子上课听不懂，就干脆不听索性抄写板书了。家长还要结合笔记本翻看作业本、试卷等，如果孩子所写作业错误太多，妈妈就要问问孩子是不是上课的时候没有听懂。

如果孩子给出了肯定答复，家长就要想办法帮助孩子把落下的知识补上来，不要埋怨孩子，要知道这个时候孩子也很着急，甚至有点儿自暴自弃的情绪，家长负面的、强制性的语言会加重孩子的抵触情绪，即使家长帮助孩子制订了科学可行的方案，孩子也听不进去。

家长首先要认可孩子当前的状况，并对孩子充满信心，这样孩子会感受到来自家长的支持，就有信心改变自己了。

2.问老师

家长还可以向孩子的老师了解情况。有的家长觉得孩子学习成绩不好，见到老师有些难为情，交谈过程中捕捉不到老师传达过来的信息，自己心中的困惑也没有向老师提出来，这样很难找到解决孩子问题的正确方法。

家长跟老师了解孩子的情况，除了要有充分的自信外，还要考虑到老师工作很忙，尽可能地不打扰老师，最好在家长会、老师在线的时候了解一下孩子的情况。为了充分发挥交流的作用，当家长发现孩子学习情况不好后，平时要观察孩子，及时发现孩子的问题，才能在与老师沟通的过程中，找到解决孩子问题的有效方法。

第6章 训练思维力——智力的核心

大脑是人体的司令部，是全身活动的指挥所。人体的一切思维和活动都离不开大脑的工作。学习作为一项智力活动，自然也离不开大脑的参与。俗话说："大脑越用越灵。"要想孩子在学习上能够灵活地理解、记忆、运用所学知识，就要让孩子多用脑、多思考。不过，用脑要讲究一定的方法，否则，可能会事倍功半。

思维的过程是怎样的

人们在头脑中，运用存储在长时记忆中的知识经验，对外界输入的信息进行分析、综合、比较、抽象和概括的过程，就是思维。在思维的过程中，常用的几种方法分别是：分析、综合、比较、抽象、概括等。如果孩子能够熟练地运用这几种基本的思维技能，就能大大提高思维能力。

1.分析与综合

所谓分析就是在大脑中把事物分解为几个部分、要素，或者把事物发展过程分为几个阶段，分别加以思考的过程。综合则是在大脑中把事物的组成部分、要素等按照一定关系联结起来，组成一个整体加以思考的过程。

分析与综合是统一思维过程的两个侧面，相互依赖，互为条件，相辅相成。分析中有综合，如分析某一事件产生的原因，便使原因和结果联系起来，联系便是综合。综合中也有分析，综合起来的是分析出来的各个部分，分析以综合为前提，又是更深入地认识综合体的先决条件；综合以分析为基础，分析越细致、越精确，综合越全面、越完善。

2.比较

所谓比较指的是在大脑中确定事物间的共同点和差异点，有的是在同一类事物间比较，找出共同点，便于掌握某类事物的概念。比如，比较小轿车和货车，枫树和松树，鸡和鸭子等。有的则是在不同类的相似或相近的事物间进行比较。比如，同义词、近义词的辨析，内容相近的诗句的比较，三角形和平行四边形的比较等。经过比较找出异同，有助于弄清它们的联系与区别。

3.抽象与概括

所谓抽象是在大脑中抽象出一些事物的本质属性而舍弃其非本质属性的思维过程，然后把抽象出来的本质属性推广到一类事物上的普遍化的思维过程就是概括。抽象与概括可谓“你中有我，我中有你”，因为不先抽象出事物的本质属性，便无法概括到一类事物上；而没有概括性地思考，就不能抽象出事物的共同本质。

抽象思维也叫逻辑思维，就是运用概念和理论进行的思维活动，它主要以概念、判断、推理的形式表现出来。为了让孩子具有较高的抽象思维能力，家长从孩子上学的时候起，就要鼓励孩子牢固掌握概念。概念是抽象思维得以进行的前提条件。学习概念时，尤其应当注意概念的准确性，在把握它的内涵和外延上下功夫。除此以外，在课堂上，听老师讲课要注意老师讲解的思路，做题时要关注一下解题思路和推理过程，经常这么做，就会懂得一些抽象思维的方法。

4.具体化和系统化

所谓具体化就是把抽象概括出来的概念和一般原理应用到具体事物上，如学习中使用一般原理、解释新的具体现象、解答习题和解决新问题等都是具体化的过程。

所谓系统化就是把知识分门别类地构成一个层次分明的统一的整体。系统化特别适合阶段复习或者期末复习这样的要记忆较多知识的学习阶段。如把某一科的知识整理成一个表格或者系统表，编出历史年表，编出元素周期表等都是对所学知识系统化的过程。

系统化有利于提高复习效率，避免记忆的混淆。为了让孩子在学习上轻松地使用具体化和系统化的方法，家长最好从孩子上学起，就引导孩子做一些较为简单的具体化和系统化题目。

勤于思考，提升思维力

一个孩子是否具有较强的思维力，很重要的一个方面就在于他是否能够积极地去思维。在学习上，有的孩子一看到题目就写，结果却是错误的；还有的孩子一看到题目觉得很难，就断定自己不会做，进而不再思考了。

其实很多时候，不是孩子知识掌握得不够，而是孩子的思维能力比较差，所以，培养孩子积极思维的心态很重要。

1.教孩子在学习中积极思考

孩子的学习兴趣是在不断体验掌握了某个知识的快乐情绪中建立起来的，孩子越是能利用所学的知识解决问题，考试分数越高，求知欲越强，孩子就越善于独立思维。

没有建立起独立思维习惯的孩子往往容易偷懒，这个时候家长要想办法引导孩子去思考。比如，孩子遇到一道判断题：“两个锐角的和一定是钝角。”做这个题目的时候，家长可以通过“问题性引入”等方法引导孩子思考，激发孩子寻找新方法的积极情绪。

第一步：家长可以让孩子做一下判断。面对这个相对简单的问题，孩子会很有兴趣的。孩子得出的答案可能不一样，也可能是错误的，不管怎么样，家长都不要去纠正孩子。

第二步：家长提问，让孩子说说什么样的角是锐角。很自然地，就能得出大于0° 小于90° 的角为锐角。问问孩子，如果两个89° 的角相加会是什么样，两个1° 的角相加会是什么样。

第三步：提示孩子总结出：“两个锐角的和可能是钝角也可能是锐角。”这个时候，家长不要忘了鼓励孩子：“在学习的过程中，像这样进行全面的思考，什么难题都能解决！”

在引导孩子思考的过程中，家长可以采取“设置障碍”“引发冲突”“提出问题”“增加趣味”等方法，在不断地解决知与不知的矛盾的过程中，引导他们一环扣一环地发现问题、思考问题、解决问题。

2.教孩子在生活中积极思考

孩子的好奇心很强，头脑中的问题总是很多，家长对待孩子问题的态度往往影响着孩子提问的积极性。家长支持、鼓励孩子问问题，等于鼓励孩子积极思考，反之，则会扼杀孩子思考的积极性。

“疑者，觉悟之机也。”发明大王爱迪生小时候就爱思考，看到钟表滴滴答答响个不停，他就想，表为什么会走呢？于是他就把表拆开、装上，非要弄清楚钟表会走的原理不可。

当爱迪生知道鸡孵蛋的情况后，他就想，人去孵行不行？于是他蹲在鸡窝里老半天，直到父亲在鸡窝里找到他。

所以，当孩子做出看似荒唐的事情的时候，家长不要斥责孩子，那是孩子为了解答心中的疑问、实现自己的梦想而做出的行动。除此以外，家长还要有意识地给孩子出些难题让他去思考。例如，玻璃怎样才能擦得又快又干净？厨房的油烟怎样处理？水壶的水垢怎样清除……

有一个孩子在电视上看到有人把酒精灯的盖子一盖上，火就灭了，他很奇怪。妈妈看到了，就问孩子：“为什么不用吹，火就灭了？”孩子思考了半天，没想出来。妈妈启发他：“火怎样才能点燃？有氧气才能燃烧。”孩子一下子明白了，盖子把氧气隔绝了，所以火灭了。当这个孩子在物理课上听到氧气的知识的时候，他很轻松地就理解了。

生活处处有学问，教育无处不在。在生活中，家长除了向孩子提出问题，让孩子解答外，还可以经常问问孩子：“还有问题吗？”“这个方法你赞成吗？”这样，孩子才会去积极思考。

发散思维：教孩子换个角度

让我们一起重温一下著名数学家高斯小时候的那个速算的故事吧！故事讲的是在高斯10岁的时候，老师在算术课上出了一道难题：“把1到100的整数写下来，然后把它们加起来。”出乎老师意料，高斯很快就写出了答案：5050。老师吃了一惊，问高斯怎么算得这么快。高斯讲出了他的运算方法：1＋100＝101，2＋99＝101，3＋98＝101，……，49＋52＝101，50＋51＝101，一共有50对和为101的数目，所以答案是50×101＝5050。

像高斯这样在做题目的时候没有按照一贯使用的方法去连加，而是通过组合、相乘的方法简便、快速地得出答案的做法，体现了高斯在学习上具有相当灵活的思维能力。他能够改变思维定式，开动脑筋从新的思维角度去思考问题、解决问题，这就是非常宝贵的思维的求异性。

小学阶段，孩子的思维能力有限，既难以形成思维习惯，更难以从一种思维定式中突破出来，限制了思维能力的发展。思维需要遵循规律，然而长期恪守规律又会形成思维的惯性，使我们的思维难以突破既有的框架，受到严重局限甚至变得僵化。求异思维就是对常规思维的一种突破，往往能够在常规思维无法进行下去的时候，使人在山重水复中窥见柳暗花明，找到新的路径或者解决问题的方法。求异思维不是天生的，当孩子具备一定的常规思维能力后，家长就要开始培养孩子多角度、多方位的思维能力。

1.换个角度做题

平时家长关注孩子学习的方式，一般情况就是抽查孩子的作业，看看对和错，比较一下孩子分数是升了还是降了，在班上排第几名。如果家长能够把自己的关注点提升到关注孩子的学习方法、学习能力等学习细节上来，比如，看看孩子思维的角度够不够宽广、灵活等，对孩子的学习会更有帮助。

举个简单的例子，189－7＋21－14＝做这道题目的时候，如果孩子是一步一步挨着去算得出的结果，先做减法然后加法然后再做减法，那么，就可以提示孩子，运用加减法的简便运算法则去做一遍，看看是否有简单的方法。

还有，35－5这样减下去，可以减多少次5。如果孩子一次次地去减，家长不妨提示孩子，加减法和乘除法之间是存在着一定的联系的。

如果家长经常引导孩子换个角度做题，那么孩子在学习中的思维会更加灵活。这样的孩子能够根据事物的变化，运用已有的经验灵活地进行思维，而不会局限于已有的方法，更好地做到具体问题具体分析。

为了很好地再现孩子思维的过程，家长除了可以问问孩子怎么想的以外，还可以为孩子创造和同学一起讨论的机会，在思维的风暴中，更能引发思维火花的碰撞。

家长眼光的高度决定孩子未来发展的可能，家长在辅导孩子学习的时候，注重引导孩子掌握更好的方法，思维更活跃，孩子才不会片面、孤立、静止、简单化地看问题，而是能够看得更充分、更深刻、更全面。

2.一图多想

一题多解能够很好地训练孩子多角度思维的能力，这是因为“一题多解”反映出给定的信息所产生的多种新信息，等于多次地、较高难度地开动了孩子的思维，使得孩子的思路更开阔，分析、综合水平获得更高的提升。一图多想与此同理。当遇到一幅画、一个场景图的时候，家长要引导孩子从不同的角度、不同的方面仔细地观察，提出问题，然后一起解答，从而实现更好地认识事物、理解知识的目的。

比如，面对一幅画，画面是一个蹬三轮的老人，车上堆放着很多物品。家长可以指导孩子从老人的身份展开思考，也可以从车上的货物展开思考，还可以从老人的神态上展开思考……然后一步一步地推导出结局，这就是很好的锻炼。

3.鼓励孩子的求异行为

在生活、学习中，孩子常常不自觉地做出一些与众不同的行为，这个时候，家长千万不要打击孩子。

比如，家里花生、瓜子之类的小东西撒了，这类东西用手捡很麻烦，如果孩子拿来笤帚等清扫，即使会把东西弄脏，家长也要赞赏孩子几句：“哦，我儿子很聪明嘛，想出了一个高效率的方法！”

有的时候，孩子与众不同的方法明显行不通，可孩子偏要试试，家长也不要打击孩子，可以对孩子说：“肯动脑筋就是好孩子！验证一下结果吧！”思维就像世上的路，面对一片荒野，只有敢于尝试，才有发展成路的可能。

家长在教育孩子的时候一定要记得，在生活中给孩子提供发展求异思维的机会，有利于拓展孩子的学习思路。

敏捷性——思维的速度

思维敏捷性是指思维过程的速度。有了思维敏捷性，人在处理问题和解决问题的过程中，能够适应迫切的情况来积极地思维，周密地考虑，正确地判断，并迅速地得出结论。

1.不断积累知识

有的孩子回答问题反应慢，或者写作业的时候速度慢，可能是因为知识匮乏，面对题意，不能较快地运用知识去理解、分析、思考、判断。思维的过程是个连续的对知识反应、加工的过程，这个过程效率的高低，与孩子掌握知识的多少、熟练程度有很大关系。可以说知识积累是思维的基础。

例如，当老师给学生布置的作业是：阅读完一篇文章，然后回答问题。这个时候那些能够较快而准确回答出问题的孩子，写作能力一般都不差，知识面广，阅读面也很宽。这是因为不管是阅读还是写作，甚至于交流，都是通过语言表达思维，那些具有准确思维力的孩子不但能够准确理解别人的语言，还能用语言完整地叙述自己思维的过程。

孩子积累知识的途径很多，读书、写作、交流、辩论、做事情、小制作、参观等，孩子掌握的知识层次越高，思考境界越深入，思维能力就越强。

2.训练运算速度

孩子掌握数学概念、规律的本质，理解抽象概念的能力越高，运算速度也就越快。心理学教授林崇德通过实验得出结论，运算思维活动的敏捷性是可以培养的，运算思维的敏捷性是随着年级（年龄）的递增而稳定发展的。所以，家长尤其是低年级孩子的家长切不可因为孩子运算速度较慢而埋怨孩子不机灵，更不能在孩子面前说哪个孩子做题多么快，哪个孩子口算能力多么强，否则会让孩子产生自卑心理。

提高运算速度的训练方法很多，常见的有限时心算法、抢答法、游戏法、限时计算法、限量竞赛、填数游戏等。为了充分调动孩子的积极性，家长可以设置一些奖励措施。

比如，进行限时心算法练习的时候，最好事先规定题目数量、所用时间数量、奖励标准等。运算次数要具有持续性，每天一次效果才好。奖励标准带有连续性，鼓励性会更强，比如，达到标准奖励一朵红花，连续一个月都得到红花，家长就送孩子一个小礼物或者满足一个合理的要求等。

3.阅读训练

很多考试都有考查阅读理解的环节，这其实是对考生能力的一种很好的检验，需要孩子具备一定的分析、判断能力。家长平时要多引导孩子做阅读练习，训练孩子的阅读、答题技能，逐渐提高孩子的思维能力。

阅读训练要符合孩子的年龄特征，即使课文里面有生词，也要保证孩子能够猜出原文的意思，这样才能真正锻炼孩子的思维，也不会打击孩子阅读的积极性。练习的时候，要事先规定时间，这样有利于孩子集中精力思考。

初做阅读练习题目的时候，家长可以教孩子一些方法，以便提高孩子分析的条理性。比如，记叙文可以按照事情的发展顺序，说明文可以寻找说明顺序，这样按照一定的顺序去分析、思考，就能比较容易地回答问题。

如果遇到比较复杂的问题，可以先把问题分解一下，然后按照由局部到整体再从整体到局部的方法去思考。

总之，不断地阅读、不断地做题，孩子一定能迅速发现问题和解决问题，而且思维的精确度也能不断提升。

善于解决问题

学习过程需要解决各类问题，问题解决的过程需要思维直接参与，不断解决问题能提升思维能力。

问题解决是由一定的情境引起的，按照一定的目标，应用各种认知活动、技能等，经过一系列的思维操作，使问题得以解决的过程。

一个人是否具备独立思考的能力，很大程度上取决于他是否从小养成了独立思考的习惯。我们都希望孩子的思维具有较高的品质，能够快速、准确地解决问题。那么，什么样的孩子具有这种素质呢？

当你对孩子说出一个单词tea，然后让孩子快速地用单词中的字母组合出另外的单词。如果你的孩子能够快速地说出eat、ate，说明孩子能够快速听懂问题，懂得怎样思考，能够运用学过的知识和解决问题的经验去寻找问题的答案。

学习的最终目的就是去发明、去创造、去解决实际生活中遇到的难题，要想达到这个目的，需要在不断学习的过程中掌握思考的方法、思维的技能。当一个孩子掌握了解决问题的方法，并且能够积极地开动脑筋思考，那么这个孩子独立思考的能力就能得到不断提高。

为了让孩子成为一个会思考的人，家长要培养孩子的思考能力。一般形式的解决问题类的思考，通常包括以下几个步骤：

第一步：准备思考。当孩子面对情境、问题的时候，家长指导孩子展开相关的思考，然后在头脑里进行淘汰，留下切实可行的那一个。

第二步：守住一个方式，进行演绎、推理，直接解决问题或者进一步验证方法的可行性。

第三步：验证解题方法是否正确。

把结果代入情境或者条件里，验证是否符合条件，如果正确，就可以了。

以上是解决问题的大致过程，当然，每个问题是否都需要按照这个步骤进行，还要看解决问题的人的思维能力和知识水平，有的时候，某个步骤只是在头脑里一闪，问题就解决了。所以，除了思维能力不高的孩子需要按照以上步骤进行思考外，那些具有一定思维能力的孩子完全可以根据自己的情况灵活地省略或者拓展某个步骤，以便更高效地完成思维过程。

孩子掌握了思考的基本规律，随着不断地做题思考，会摸索出更多的思考方法，也可能会出现思路堵塞的情况。6～12岁的孩子，思维具有发散性与单一性的矛盾。发散思维与单一思维在小学生的活动中往往此起彼伏，有时思路较广，有时钻入死胡同。这个时候，家长适当地为孩子出出招，就会减少孩子的挫败感，让新的思维亮点打开孩子的思路。

比如，当孩子把注意力仅仅集中于已知条件，而已知条件又不够解决问题的时候，家长可以提示一下："这道题里有一个很大的隐含条件，你好像没有利用。""你把问题想复杂了！""这道题跟例题是有区别的，要注意区分数据的形式啊！"

孩子做出题目后，家长可以要求孩子把从这道题目里学到的解题经验概括一下，写在小本子上。孩子积累的经验越多，思考能力越强，越愿意独立思考，而不是动不动就向别人求助。所以，让孩子具备一定的思考能力是独立思考的必要条件。

放飞思维的翅膀

孩子做题的时候，常常会出现一种情况——相同的题目，变换一下说法，就不会做了。这样的孩子思维比较狭窄，只知其一，不知其二，稍有变化，就不知所云。这样的孩子考试很难得高分，为了改变这种状况，家长要提高孩子思维的广度。

思维活动往往是由一定的问题情境引起的，并表现为试图解决这些问题。

所谓思维的广度，就是在思考问题时，能够最大限度地敞开思路，调集储存在大脑里的知识，变换各种思维视角，在尽可能大的范围内联系各类直接的、间接的事物，以期产生各种不同的思想、意识或观念，提升解决问题的可能性、速度和效率。

思维越广阔，思维的独创性越强，越能产生高品质的思维成果。我们常常发现，那些反应机敏、观点独特的大师，他们的思维都具有广阔性。这是因为他们不拘泥于单一的眼前的结果，能够多侧面、多角度、全方位地思考，得出结论后，无论别人的态度如何，都敢于坚持自己的观点。

如果把孩子的思维比作一个巨大的网络，那么这个网络空间越大，孩子的思维越广阔，产生新思想、新想法的可能性就越大，对知识的领悟能力也就越强。当然，扩大孩子思维的网络不是一味地往孩子脑子里塞东西，而是要讲究科学的方式方法，因为思维带有一定的关联性、延展性。

1.少用教育软件

我们提倡启发式教育，正是因为这种教育方式就仿佛一根线，牵引着孩子的思绪一点点向另一个知识点转移，牵引的途中会让孩子的思维自由驰骋。有这样一个故事，讲的是匈牙利数学家保罗·艾尔迪什的妈妈是怎么对他进行启发式教育的。保罗很小的时候，妈妈告诉他："150－100＝50。"他问妈妈："那么，100－150等于多少呢？"妈妈诧异而又惊喜地看着自己的孩子，开始耐心地给保罗解释正数和负数的问题。

启发式教育的关键就是鼓励学生提出问题、思考问题。可是眼下，有的家长已经没有耐心去给孩子讲解了，而是把这项工作交给了教育软件。他们觉得形象生动、有声有色的教学工具更利于开发孩子的智力。

要知道，有的教育软件缺乏互动性，而孩子在提出问题的过程中，思维的主动性更强，思考的范围更广。所以，家长还是想办法亲自辅导孩子，多与孩子互动、交流，而不是把孩子放在电脑前。

2.在学习中训练思维的广度

提升思维的广度，就是注重思维发散，注重思维辐射。反复进行迁移拓展、举一反三、触类旁通的训练，反复进行一题多解、一题多变、一题多议的训练，是帮助学生克服思维狭窄性的有效方法。

比如，孩子做完一道应用题的时候，家长可以和孩子一起研究一下。问问孩子，如果把其中的某个条件变换一下，该怎么做；如果把问题变成条件，又该怎么解答；做这道题的时候，很容易想起做过的哪道题目……

3.做问题辐射练习

家长可以把问题辐射练习当成一个游戏，这样，孩子就更有兴趣玩耍。问题辐射的方法很多，常见的有以事物功能为半径辐射、以方法途径为半径辐射、以事物门类为半径辐射、以原因追溯结果等。

我们以事物功能为半径辐射来举个简单的例子吧！

每个事物的功能都不是单一性的，除了主要功能外，还有许多发散的替代功能。就以盆子为例，这个物品除了盛放物品外，还能洗衣、接水、洗菜、洗脸、和面、舀水、端东西、盖住物品等。

孩子多做这样的辐射练习，不但加深了对某个物品的记忆，同时也活跃了用物品解决问题的思维。

一起来头脑风暴

头脑风暴法是由美国创造学家亚历克斯·奥斯本于1939年首次提出、1953年正式发表的一种集体开发创造性思维的方法。其特点是让参与者思维互补、相互激发、敞开思路，在自由愉快的气氛中畅所欲言，使各种设想在相互碰撞中激起脑海的创造性“风暴”。

当孩子们围在一起，围绕一个特定的话题展开讨论，不断产生新观点的时候，不但孩子的思维能力会获得大大提升，而且其认识能力、辨别能力等也会得到发展。孩子们在讨论的时候，出现错误也不需要纠正，因为当一个孩子说出错误的想法后，立刻就有孩子提出质疑，给其他同学创造了思考的机会。

1.针对某个主题进行辩论

孩子们的辩论可以针对学习中的某个知识点，也可以是某个学习方法，还可以是某个概念，只要思绪展开，就有收获。

举个简单的例子，就“鸡翅”两个字，孩子也能说出很多话题。比如火星鸡翅、小鸡鸡翅、油炸鸡翅、摩天轮鸡翅、母鸡鸡翅、公鸡鸡翅、火鸡鸡翅、冰箱里的鸡翅、清炖鸡翅、会飞的鸡翅等。

就是这些看似不靠谱的名称，也是孩子经过思考说出来的，在孩子的脑海里也是有印象的。当然，孩子的知识面不够广，家长可以提供一些具有思想价值、现实意义的题目给孩子，比如关于北极熊、地球之外的世界、机器人的发展等。

2.让孩子们说说题

关于某一道容易出错的题目或者比较有难度的重点题目，家长可以指导孩子们一起说说题。说题可以是在每个孩子都把题目做出来后进行，也可以是在孩子们把题目看懂后还没下笔的时候进行。

说题的时候，可以说对题意的理解、解题的思路和方法、由这道题想到了哪道题、用到的公式或定理、做这样的题目容易出现的错误、是否容易作为考试题等。在这个过程中，孩子说出了自己全部的真实想法，如果有哪里不对，可以被其他的孩子指出来，更利于掌握知识。

3.利用好网络

一个班级的孩子，往往有一个QQ群或微信群。家长可以指导孩子利用QQ群或微信群进行交流。有了问题，可以随时沟通，及时获得同学的反馈，迅速解决自己的问题。

4.抢答比赛

家长还可以指导孩子进行抢答比赛，事先把要抢答的题目准备好，每次指定一位同学出题，并写出答案，大家轮流出题。这样，才能充分调动每个孩子的积极性，发挥出大家的智慧。

抢答时，出题人念出题目后，谁算出来了，谁就答，错了就扣分，对了就加分。最后分数最高的那个，要佩戴小红花。这样的活动，不但锻炼了孩子的听题能力、快速思维能力，而且能培养孩子临阵不慌、冷静思考的能力。

第7章

激发创造力——钻出前人的圈圈

德国作家、理论家卢多尔夫·维恩巴尔格认为创造才是教育的最高范畴，只有呼唤出学生内心深处的创造潜能，才是国家与人类进步的根本前提。那么，在小学阶段，如何教育才能激发孩子的创造力呢？

创造性思维

10岁的小女孩周智宇受到鱼嘴形状的启发，发明了吸盘式多功能挂钩，获得了第26届重庆青少年科技创新大赛三等奖、渝中区科技发明一等奖。另外，周智宇还发明了七巧变形钟、多功能碗、防水倒灌防泄漏天然气阀，都已申请了专利。

这个孩子的发明过程的核心就是创造性思维。创造性思维是思维活动的高级过程，是在个人已有经验的基础上，发现新事物、创造新方法、解决新问题的思维过程。

创造性思维具有以下三个特点。

1.流畅性

在限定时间内产生观念的数量的多少。在短时间内产生的观念越多，思维越流畅；反之，思维则缺乏流畅性。内容包括用词的流畅性、联想的流畅性、表达的流畅性、观念的流畅性等。

我们给孩子一个偏旁“占”，让他组字，规定时间内想出的字越多，说明孩子用词的流畅性越好。

我们给孩子一个词“高兴”，让他寻找近义词，规定时间内想出的数量越多，说明孩子联想的流畅性越好。

我们给孩子一个“主谓宾”结构，让他造句，规定时间内组成句子的数量越多，说明孩子表达的流畅性越好。

我们给孩子一个题目“春天来了”，规定时间内孩子表达的内容越多，说明孩子观念的流畅性越好。

即使不给孩子出题目，多参与日常生活，也能锻炼其思维的流畅性。比如，玩电脑要用到字母、数字、文字、标点等很多知识，适当玩一玩可以促进孩子对知识的掌握；绘画的时候，即使是一个简单的头像素描也能考验这个孩子是否懂得五官的位置、形状等；让孩子打个电话告诉对方妈妈今天没时间去参加某个约会了，即便这个简单的事情也能锻炼孩子的语言组织能力、交往能力等。所以，让孩子尽可能多地参与日常事务，其实是提高孩子运用所学知识的重要途径。

2.灵活性

摒弃以往的习惯思维方法，开发不同方向的能力。

给孩子一个物品——砖头，让他想想能做什么。砌墙、垫桌脚、当椅子坐、踩上去让自己变高……想出来的用途越多，越具有创造力；相反，只说砌墙、盖房、铺路的孩子，思维只在一个方面打转，缺乏灵活性。

要想提高孩子思维的灵活性，可以多进行这类活动。

3.独创性

在平凡的生活情境中发现新内容，这就是思维的独创性。

玛利亚·戈佩特·梅耶是1963年诺贝尔物理学奖获得者，她出生在书香门第，家人非常注重她科学素养的培养。父亲喜欢带着她一起散步。散步的时候，他们会谈论自然世界的科学知识。为此，玛利亚从小就喜欢思考问题，也善于发现问题。

有一天，家里举行宴会，玛利亚静静地坐在餐桌前，饶有兴致地看着大家忙碌。她发现紧张的女仆在为客人沏茶的时候，端着茶碟的手不停地抖动，手不稳，碟子里的茶碗也在晃动。女仆努力想使自己镇静，但是手却抖得越来越厉害，偶尔还有茶水洒出来。过了一会儿，玛利亚发现当茶水洒出来后，茶碗就不晃动了，好像被黏住一样。这是怎么回事？玛利亚走出客厅，来到厨房，她要自己动手试一试。

玛利亚拿出一套餐具，仔细地把刚才见到的情景演示了一遍。得出了结论，如果茶碟里有点儿水，茶碗就不会晃动。这是为什么呢？玛利亚不由自主地思索起来。这个时候，父亲走了进来，玛利亚把心中的困惑说给父亲，父亲很开心地大声说："这是戈佩特家的第七代教授！"

打下独创性基础

很多伟人之所以取得了伟大的成就，一个很重要的原因就是他们能够在关键时刻做出不一样的决定。

古希腊的佛里几亚国王葛第士以非常奇妙的方法在战车的轭打了一串结。他预言："谁能打开这个结，就可以征服亚洲。"一直到公元前334年，还没有一个人能将绳结打开。这时，亚历山大率军入侵小亚细亚，他来到葛第士绳结前，不加考虑便拔剑砍断了它。后来，他果然一举占领了比希腊大50倍的波斯帝国。

亚历山大的做法提示人们，真正能够征服世界的人是具有独创性思维的人。独创性是一个人学习、生活出类拔萃的重要手段。因为它体现了一个人独立思考的能力和新颖超前的创造性思维，彰显了一个人的主动性品质。这样的人办法更多，解决问题的能力更强。

生活中，有的孩子学习成绩不好，做事的积极性不高，长此以往，思维上也容易产生惰性。所以，培养孩子的独创性思维，最重要的一点是让孩子做一个勤奋的人。

1.引导孩子思考

国学大师王国维在《人间词话》中说："古今之成大事业大学问者必经过三种之境界。"分别是："昨夜西风凋碧树，独上高楼，望尽天涯路。""衣带渐宽终不悔，为伊消得人憔悴。""众里寻他千百度，蓦然回首，那人却在灯火阑珊处。"很明显，大师的第二种境界写的就是勤奋。当一个人有了第一种境界的预期后，唯有勤奋努力，才能到达成功的彼岸。

思维上的勤奋，就在于勤于动脑，多想，多实践，提升智力活动的品质。

2.保护孩子的好奇心

一个人只有具备创造性人格，才能不为各种环境因素所限制、所左右，才能够坚持自己的看法。这就需要家长注重锻炼孩子的意志品质、自信心以及创造力。

我们知道孩子的好奇心是与生俱来的，家长无条件的保护、支持的态度会让孩子体会到父母的爱，他们的内心是安全和自由的，完全有勇气去发现、探索、发明、创造。在这些活动中，孩子的能力得到了锻炼，对外界的理解能力和支配能力增强，意志力和自信心也得到提升。

意志是有意识地支配、调节行为，通过克服困难实现预定目的的心理过程。人的一切有目的的活动和行为都是意志活动。但是，日常生活中这些具有目的性和方向性的活动和行为，其中意志的因素表现得并不明显。但在创造性活动中，存在着巨大的障碍和困难需要去克服，目的性和方向性就表现得异常明显。在这种情况下，意志因素起着十分重要的作用。

3.重视审美教育

心理学家研究表明，创造性人格是推动个体创造性发展的强大动力，大量的实证研究表明，创造性人格有一个十分重要的特质——审美性，所以，对孩子进行审美教育，是培养其创造力的重要方面。

审美教育的实质是美感教育和情感教育，它具有四个显著特点：形象性、情感性、感染性和自由性。所以，从小支持孩子自由玩耍，引导孩子听音乐、唱歌、画画，欣赏美文、画作等，都是很好的审美教育。家长千万不要认为这是浪费时间的事情，因为孩子只有通过这样的途径感受美，才会去追求美、创造美，从而产生学习的兴趣和创造的欲望。

支持孩子进入“创造过程”

德国作家、理论家卢多尔夫·维恩巴尔格在他著名的演讲《知识、教育与人生》中说：“人不光是一面镜子，用来折射创造，解释创造，他本身就是一种创造，拥有天赋的权利和力量，在现有的世界中抢占一席之地。他应该以这种创造活动去维护和巩固这种地位，牢牢立足于现在，去从事反映其短暂一生的创造……”

美国心理学家托兰斯在1974年对87名教育家做了一次调查，要求每人列出5种创造型学生的行为特征，其中被提到次数较多的行为特征是：好奇心，不断地提问；思维和行动的独创性；思维和行动的独立性，个人主义；想象力丰富，喜欢叙述；不随大流，不过分依赖集体的意志；主意多，喜欢搞试验；顽强、坚忍，喜欢虚构，富于幻想。

既然我们已经知道了富有创造性的孩子具有以上特征，那么我们就要保护孩子的创造性行为，这样才是培养孩子成才最有效的方式。保护孩子的创造性行为，最常见的方式有以下几种：

1.必要时，帮帮孩子

具有独创精神的孩子，虽然思维比较独立，各种新鲜点子不断涌现，但小学生的能力毕竟有限，遇到困难时，需要家长的帮助。

家长要注意辨别孩子当时的思维是否流畅。如果孩子玩某一件东西，持续放不下；制作某个东西，好长时间没有完工，眉头紧锁、唉声叹气等，这些情况往往表明孩子进行得并不顺利。

家长可以和孩子一起探索，或者为孩子提供一些资料、案例帮助孩子渡过技术上的某个难关，都是促进孩子继续探索，提高创造力的好办法。

2.听听荒唐行为背后的想法

6~12岁的孩子思维还相对简单，思维的深刻性只是偶尔出现。所以，孩子的很多做法往往有一些荒唐。

遇到这些情况，家长可以听听孩子荒唐行为背后的想法，从孩子的言语中整理出具有“深刻性”“可行性”的部分，然后对孩子的行为加以正确引导。

3.尽量不限制孩子

富有创造性思维的孩子非常活跃，往往会不顾一切地去实现自己的想法，哪里会想到把墙弄脏了，把沙发剪破了，把妈妈的化妆品弄坏了……遇到这些情况，家长不要板起面孔来教训孩子，以免打击孩子的探索热情。

有的家长喜欢“未雨绸缪”，一二三四五，先把规矩跟孩子讲清楚，就省得到时候费事了。这样做也会阻碍孩子创造力的发展。试想，这个也不让碰，那个也不让摸，孩子仿佛被捆住了手脚，限制了思维，怎么能发展创意思维呢？

所以，除了有危险的事情外，家长尽量不要限制孩子，即使孩子想做的事情很不靠谱，还可能造成各种形式的浪费，家长都要让孩子动手去做。因为做是检验想法的唯一途径，也是发展新思维的土壤。

还有一点，就是有的家长经常会对孩子说："你瞧你班某某同学，多稳当，看着就懂事！""你瞧某某同学，写字用小尺子比着，以后你也这样！"家长这么说可能会给孩子一个不好的引导——什么都跟别人学。处处都向别人看齐，哪里还有个性，一个没有个性的孩子，也很难具有创造性。

4.要允许孩子犯错

孩子把玩具弄坏了、把面和成团摔到了墙上……这些看似荒唐的举动，在孩子眼里都是很正常的。家长不要打骂孩子，可以换个做法来减少损失。比如，把昂贵的玩具换成简单的手工制作玩具，把面从墙上弄下来后和孩子一起清理墙面等。

四阶段模型

如何产生一次创造性思维呢？华莱士将创造性思维划分为以下四个阶段。

1.准备期

在创造性思维形成之前，个体需要加强对相关问题或领域知识的理解和积累，以及对相关技能的掌握。

当家长发现孩子特别热爱某件事情或者对某个领域特别感兴趣的时候，最好的态度是帮助孩子，给他们提供各种支持，带孩子去拜访高手等。千万不要因为觉得做学习以外的事情会耽误学习而去干涉，慢慢和孩子沟通，处理好了，孩子完全可以做到兴趣与学习兼顾。

创造的乐趣在于创造的过程本身，而不是要达到某种功利的目的。创造是什么，是大脑存在“功能剩余性”基础上的其他的能力和收获。对孩子来讲，是完成学业后，剩下的额外的个人能力的展现。

面对当前的教育状况，孩子有没有额外的这部分能力，家长的作用很关键。为了很好地实现学校教育与家庭教育的统一，使孩子既能很好地完成学校教育的课程，又能具有一定的创造力，那么就需要家长站到学校以外，给孩子提供发展创造能力的时间和空间。

尊重孩子，不侵犯孩子的个人心理空间。个人心理空间，那是完全属于孩子自己的，孩子无须防止别人的伤害，可以完全放松地依照自己的意愿思考的空间环境。

个人心理空间是完全地、纯粹地体现孩子思想的地方，所以具有思维的个性特点，思维的原始性更强，更利于发明创造。孩子的成长虽然是一个不断积累科学文化知识和社会知识的过程，但是也不能用这些东西把孩子的时间填满。因为作为开拓进取的新一代，他们承载着新的历史使命，所以，家长应该给孩子一个自由的课余时间，让他们享受自由的心理世界。

2.酝酿期

个体在创造过程中，往往会遇到困难和阻碍，此时将问题搁置一旁，表面上停止了思维活动，实际上潜意识中仍在酝酿。当不知道怎么做不得不放下去做别的事情时，还会偶尔想想这个问题。只是，不再急迫，而是沉着地思考。每当孩子眉头紧锁，沉默思考时，不要打扰他；在他休息时，可以鼓励他，让他别放弃，相信自己一定能找到好办法。

3.豁朗期

在潜伏性的酝酿期之后，个体头脑中可能会迸发出新的观念、想法，即所谓的灵感。蓦然回首，却在灯火阑珊处。前提很简单——一往无前地不懈追求。

在孩子阅读相关书籍、进行相关研究的过程中，某个时刻，他的头脑里出现了一个想法，灵感的火花清楚地照亮了思维，这回，方法来了。这时，孩子会特别开心。如果他向你求助，不管多忙，一定要为孩子提供帮助，因为推动一下，孩子更有前进的动力。

4.验证期

灵感产生之后，个体就会对前一阶段所产生的想法进行评价、检验或修正，确定了想法、观点的实用性后，一个完整的创造性思维过程才算完成。

有了切实可行的思路，就要付诸实施，这个过程需要不断地论证、修正、改进，孩子做起来可能比较难，家长陪孩子一起来，有助于提升孩子的行动力，当最终找到一个成熟的、切实可行的解决问题的方法后，孩子深入思考的习惯便在这样的过程中逐渐养成了。

在实践中激发孩子的创造力

儿童的实践活动对其创造力的发展和培养非常重要，也在一定程度上影响着孩子未来的发展。无论一个孩子的学业成绩有多好，哪怕拿到了博士学位，创造力的支点还是动手实践能力。毕竟书本知识与现实生活是有很大差异的。实践活动的内容很丰富，包括学习活动、游戏玩耍、社交活动、动手制作、家务劳动等。

1.在学习中发挥创造力

学习是孩子的主要任务，孩子在学习中能否发挥创造性决定着孩子未来创造力的高低。所以，家长要尽可能地辅导孩子多进行创造性学习。

比如，在数学学习中充分运用变换学习方式、多向比较、利用表象联想，计算中的一题多解、简化环节、简便运算、计算过程形象化，应用题中的全面感知和直觉思维、发现条件和找出关键、运用比较和克服定式、补充练习、拼拆练习、扩缩练习、一题多变练习、自编应用题等。

在英语学习中加强口语问答、情景剧表演、单词接龙、单词找朋友、看英文电影、写英语作文等。

2.鼓励孩子做游戏、扮演角色

鲁迅先生说过："玩具是儿童的天使。孩子在天使的陪伴下，创造性地进行着自己的游戏活动。"所以，只要是孩子喜欢的游戏，家长就要支持，如果家长能放下年龄、身份积极加入，孩子就更开心了。

孩子玩游戏的时候，越能深入情境越受益，所以家长不要担心孩子把家里弄乱了，把物品弄得不成样子了，仔细想想，孩子在玩耍中获得智慧启迪要远远胜过收拾这些东西付出的劳动。

3.鼓励孩子做小实验

实验是通向发明创造的重要途径。严谨、科学、求实、仔细的科学创造精神能够在实验中获得充分的体现与发展。为了让孩子更多地完成一些实验，家长可以给孩子准备好"家庭工具箱"和"实验广场"，让孩子有地方、有工具进行制作、种花、植树、饲养小动物等，这样孩子可能会有更多发现。

随着知识的不断丰富，孩子的好奇心也会变得更加强烈，很自然地就能根据已有的知识、经验发现疑难问题，提出解决疑难问题的设想，并能学着通过实验加以验证。这样的活动既能激发儿童探索自然奥秘的兴趣，又能开阔他们的思路，大大增强孩子的创造力。

4.鼓励孩子制作玩具、礼物

现在，很多家长喜欢给孩子买高级的、自动化的玩具。其实，这样的玩具对孩子思维的训练并无多大的帮助。这是因为越是自动化程度高的玩具，孩子越没有机会动手，手懒、脑懒，导致思维退化。

我们知道人的思维最初就是在劳动中发展起来的，教育家说：“儿童的智慧就在他们的手指尖上。”真正有利于孩子成长的玩具是那些能够刺激孩子动手去创造的看上去比较简单，甚至有些粗糙的玩具。

除了制作玩具能锻炼孩子的创造力外，拆玩具也能大大锻炼孩子的创造力。孩子拆开玩具后，可以看到里面的构造，心中有了粗略的想法，这个时候，家长就要指导孩子把玩具重新组合起来。组合的过程，就是一个再认识、再创造的过程，孩子需要分析、综合整个拆开过程中看到的画面，所以，非常锻炼孩子的思维力和创造力。

生活中，家长可以鼓励孩子制作小礼物送给亲戚、朋友、同学等。这个过程既锻炼了孩子的创造力，也促进了他的社会交往。

敢于质疑

2003年，一个名叫聂利的12岁小学生偶然发现翅膀不振动（或被剪下双翅）的蜜蜂仍然嗡嗡叫个不停。他用放大镜观察了一个多月，终于找到了蜜蜂的发声器官可能是翅根下的两个小黑点。后来他的观点得到了科学的证实，从此蜜蜂发声靠的是翅膀振动——这个被列入我国小学教材的生物学“常识”被改写了。

社会进步的一个重要表现是改变错误的认识，比起新的发明创造，这更需要质疑精神。

当老师在一个常识性的知识上出错的时候，有的孩子敢于大声提出来，有的孩子则心里半信半疑，还会怀疑自己是不是听错了。面对相同的问题，不同的孩子为什么反应不同呢？区别就在于孩子是否敢于质疑。

质疑是一项优秀的品质，具有质疑精神的孩子善于思考，整合知识的能力比较强，能够快速发现问题并作出判断，在学习上具有积极主动的精神品质。比如，具有质疑精神的孩子在中肯地指出了老师的某个错误后，思维活动会变得更加高效，有关知识的记忆会更加牢固。

北宋教育家程颐说过："学者先要会疑。"其实，不单单是做学问的人，生活中的每个人都是需要质疑精神的。敢于质疑体现的是一个人的人格品质、思维习惯，决定着一个人的做事方式、发展潜力，甚至事业的成功。

实践证明，很多科学家都具有敢于质疑的精神。

实验物理学家卢瑟福通过阿尔法粒子小散射实验证实原子核存在后，许多科学家都发现原子核的质量数与质子数不符，卢瑟福在实验的基础上，积极思考，终于成功地预言了中子的存在，极大地推动了原子物理学的发展。

伽利略敢于质疑亚里士多德"物体下落速度和重量成比例"的学说，首先提出并在比萨斜塔当众证明了同物质同形状的两个重量不同的物体下降速度一样快，为牛顿理论体系的建立奠定了基础。

达尔文认为人类不是上帝创造的，然后经过多年的摸索最终得出一个结论——"人和古猿同祖先"，提出了人类进化论，创立了自然选择学说。

可以说，质疑是发明创造的开始。我们在孩子小的时候，特别是上学后开始学习知识的这段时间，着力培养孩子的质疑精神，有利于孩子拥有一个"发明创造的大脑"。

1.尊重孩子的个性

如果孩子在思维方式、做事方法等方面与他人不同，家长不要指责孩子，更不能强迫孩子去跟别人一样。因为孩子的个性、特点是其质疑别人、接纳别人的基础。这也是实施民主型家庭教育方式的主要理念。

在现实生活中，我们经常看到很多家长平时基本不操什么心，孩子却能德智体美劳全面发展，而那些家长盯着学习、陪着去上辅导班的孩子在学习上却表现平平，关键问题在于孩子的自主性、独立性是否得到发挥。

2.欣赏独创性思维

当孩子提出不同想法的时候，家长的态度决定了孩子是发扬独创精神还是变得中规中矩。

举个简单的例子，家长和孩子一起出行，当孩子提出走另一条路的时候，家长很可能因为走习惯了这条路而断然拒绝。实际上，孩子提出走另一条路，一定有他的想法，家长听听孩子的想法是对他敢于独创思维的一种肯定，有利于养成孩子善于提出新想法的习惯。

心理学教授林崇德测验得出结论，学生运算思维的独创性是随着年级的升高而发展的，三四年级是发展的加速期。这个时期的孩子思维逐渐在形成模式，家长要多鼓励他们在学习上发挥独创性思维。比如，做数学题的时候，当孩子用一种方法做出来后，可以提示孩子，想想还有没有更简单的方法。

当孩子在做造句的题目时，家长可以让孩子多造几个句子。每个句子涉及的领域不同、表达方式也不同；在孩子阅读一篇文章之前，对照着题目想一想如果自己写，会写什么内容，读完以后，再想想换一个结尾会是什么样。

凡是家长鼓励的，孩子一般会积极去做。但是家长在鼓励孩子的时候，不要用命令的方式，而是要用建议、提醒的方式。如果孩子完成得比较好，家长最好夸奖一下孩子：“嗯，这个想法很有独创性！”这样，偶尔的独创性行为就会固化成一种思维模式，孩子的思维就会更加敏捷。

第8章
掌控学习行为的能力——磨炼意志，动力足

学习是一个心理过程，除了智力因素外，上进心、主动性、责任心、意志力、抗挫折能力、自我控制力、宽容、感恩、理解、合群等非智力因素影响也很大，是学习的动力系统。一些很聪明的孩子成绩却不好，问题往往出在意志力不够、控制力不强、没有上进心等方面。

能坚持：不半途而废

《后汉书·列女传》里有这样一个故事，东汉书生乐羊子有一个贤惠的妻子。一天，乐羊子在路上捡到一块金子，回家交给妻子。妻子说："我听说有道之人不喝盗泉之水，不吃乞来之食，更不会把别人丢失的财宝据为己有。有道之人，天性如此。"乐羊子听后，非常惭愧，就把捡到的金子扔回了野外。然后去远方拜师求学。

一年后，乐羊子因为思亲心切，回到了家乡。妻子拿起一把剪刀，走到织布机前，对他说："这个织布机上的蚕丝，一丝一丝积累下来，才会有一寸长；一寸一寸积累下来，才会有一丈甚至一匹长。如今，我如若把它们剪短，也就半途而废、前功尽弃了。"

妻子接着说："读书修道，也是这样。如若半途而废，不是同样会前功尽弃吗，与割断丝帛有什么两样？"乐羊子听后，很是感动，从此发愤读书修道，自强不息，终于成为得道之人。

这个故事告诉人们，无论是学习还是求道，如果不坚持到底，就不会取得成功。那些取得一定成就的人，大都是能够坚持不懈去追求梦想的人。因此，家长应该把孩子培养成一个有意志力的人。

在培养孩子意志力的时候，有一点一定要明白，虽然每个孩子与生俱来的意志力不同，但是只要培养有方，所有的孩子都会成为有意志力的人。

1.事先说好

当孩子做一件事情之前，家长就跟孩子说好，让孩子考虑清楚是否能完成。如果孩子说能，家长就告诉孩子一定要完成。因为有言在先，即使孩子在做事过程中感到厌烦了，往往也会坚持下去的。

孩子的判断力有限，家长要承担起帮助孩子判断目标、任务是否合理的工作，因为只有目标选择合理，孩子才容易坚持。

2.到了“半途”，监督一下孩子

在心理学上有一个著名的“半途效应”，意思是当某件事情到达半途时，由于心理因素及环境因素的交互作用而导致的对于目标行为的一种负面影响。大量事实表明，人的目标行为的中止期多发生在“半途”附近，即人的目标行为过程的中点附近是一个极其敏感和极其脆弱的活跃区域。

当孩子温习功课、写作业的时候，家长约莫到了工作量完成一半的时候，可以适当在孩子身边待一会儿，即使什么也不做，对于自我约束能力相对较差的孩子来说，也能起到一定的监督作用，使孩子重新提起精神。

3.多鼓励孩子的成果

坚持是有成果的。即使很小的一件事情，如果坚持做下去，往往会看到或者感受到显而易见的成果。

一个身体很虚弱的孩子，一到冬天就感冒。为了增强女儿的身体素质，又一个冬天到来的时候，爸爸提议父女俩坚持长跑。女儿一听这个建议，有点儿不愿意。爸爸知道，女儿担心自己跑不下来。

爸爸说："不管你怎么跑，爸爸都会陪伴在你身边，和你一直坚持跑到目的地！"女儿动心了。爸爸买来了漂亮的运动衣，父女俩的冬季长跑便开始了。果然没出爸爸所料，女儿没有跑到终点，但爸爸没有强迫她，只是要求她走到终点。

连跑带走了一段时间后，女儿居然能够跑到终点了。冬天过去了，爸爸问女儿："长跑好不好？"女儿说："当然好！我一个冬天都没有去过医院，即使感冒了，吃一点儿药就好了。"爸爸问："还要不要接着跑啊？"女儿说："当然！我要让我的身体更健康！"

在整个过程中，这个爸爸都没有强迫过女儿，只是不断地让女儿看到长跑的结果，很好地锻炼了女儿的意志力。

成果是最有说服力的，因为它能增强一个人的价值感。为了让孩子感受到自身的价值，聪明的家长绝不会唠唠叨叨，而是引导孩子行动起来，让孩子通过成果去认识坚持的重要性。

那么，家长怎么做才能使孩子真正认识到自己取得了一定的成果呢？这就需要家长既要讲究说的方式、方法，也要开拓一些新颖的孩子能够接受的展示孩子成果的方法。

孩子学会了3个生字，读完了一篇课文，解答了一道算术题，了解了一个城市的发展……这些都是孩子的成果。当孩子不想学、不愿学的时候，家长在孩子面前说说这些成绩，孩子就会受到鼓舞，对自己充满信心。

学习是一个漫长的过程，也是一件辛苦的事情，家长理解了这一点，珍惜孩子的每一个进步，支持孩子顺利地走下去，就不要两眼紧紧盯着孩子的分数，而是让孩子看到自己的进步。家长一定要明白孩子的价值不仅仅在于高分数，而是靠能力来证明的，要看其未来的发展。

如果孩子坚持学习某项特长，遇到合适的机会，展示一下，孩子会从大家赞许的目光中感受到坚持的成果。有心的家长如果能够把孩子的成果通过摄像机、照相机等记录下来，效果会更好。

赢自己：拥有自我控制力

对小学生来讲，处理好玩儿与学的问题，是个不小的考验和进步。处理好了，学习任务完成得及时，成绩当然更有保证，同时提升了自我控制能力。如何帮助孩子拥有自我控制能力呢？

1.提高抗干扰能力

抗干扰能力的强弱对一个人具有巨大的影响。举个简单的例子，一个人参加一场比赛，如果参赛者在赛场上缺乏足够的抗干扰能力，在观众的喝彩或者抗议声中不能保持清醒的头脑，那么就无法集中精力进行比赛，可能会严重影响比赛成绩。

我们习惯把这种情况归结为心理素质差，说具体点儿，就是抗干扰能力不强。一个人生活在这个世界上，即使不参加什么比赛，也会遇到各种各样的干扰或者诱惑。比如，在我们买衣服犹豫不决的时候，可能会走过来一个人，对这件衣服进行正面的评价，这个人其实就是一个干扰因素。

当干扰来临的时候，我们能否保持清醒的头脑、能否做出准确的判断、是不是具备抗干扰能力，将决定我们未来的走向。家长都希望孩子有个美好的未来，那么家长就应该尽早培养孩子的抗干扰能力。

一个刚读一年级的孩子放学回家后，对妈妈说："教室里那么多人，乱糟糟的，我无法学习。"于是，妈妈带孩子来到了闹市区，对孩子说："你的教室比这里还乱吗？"孩子摇摇头。妈妈说："不要去在意教室有多乱，而是去关注自己能否不受干扰吧！"从那以后，孩子慢慢地提高了自己的抗干扰能力。

在家庭教育上，聪明的家长总是想办法提高孩子的能力，以便让孩子去适应环境、驾驭环境。

孩子的抗干扰能力需要从小培养，当孩子还在襁褓之中的时候，就不要为孩子营造"无声世界"，只要不是太嘈杂，一家人该干什么干什么，孩子适应了这种正常的环境，长大后对环境的要求也不会很高。

孩子上学以后，有的家长电视不看了、音乐不听了，甚至连走路、做家务、谈话都轻声细语，让孩子觉得上学是多么大的事情，全家人都要为他考虑，无形中强化了孩子以自我为中心的意识，孩子要求环境绝对安静也就不足为奇。所以，家长一定要有意识地培养孩子的抗干扰能力。

环境影响人，环境造就人。家长要想让孩子具备一定的抗干扰能力，就要给孩子创造锻炼其抗干扰能力的机会，比如，去公园里晨读，对着英文电影学习英语单词等。

2.制订学习计划

有的孩子不能坚持把作业写完，往往是因为抵挡不住外界事物的吸引。如果家长能帮助孩子制订学习计划，孩子自觉地按计划进行，就会改掉散漫的习惯，意志力就能逐渐得到提高。

那么，孩子在学习过程中应该如何制订学习计划，才能最大限度地锻炼意志力，取得良好的学习效果呢？

制订学习计划，内容不能全部是学习。孩子的成长是身心全面发展的过程，除了学习，孩子还需要进行游戏、交友等活动，所有这些都要考虑到计划之中。如果孩子在学习某项特长，也要把这部分时间放进去。

制订学习计划要从实际出发。如果孩子某个科目比较弱，在制订计划的时候，这个科目花费的时间自然要多一点儿；如果孩子哪方面特别突出，也要关注一下，给出一些特别的安排，为未来的发展奠定基础。

关于时间的安排，家长可以提示孩子最好在自己精力充沛的时候学习薄弱科目，这样不至于产生厌倦心理；而特长科目不管什么时候学习，学习效果都不会太差。

制订学习计划要长短结合。所谓长短结合，就是既要有长期计划，也要有短期计划。长期计划时间跨度比较大，可以是一年、一学期、三个月等，短期计划可以是一天、一周、两周、一个月等。

短期计划是行动计划，是长期计划的基础，长期计划是短期计划的目标和方向，所以，两者相辅相成，紧密相连。

制订短期计划的时候有一点很重要——起步要稳。有这样一种情况，当你向一个人提出要求的时候，如果较容易实现，那个人会痛快地接受。完成了这个任务后，再给他一个较困难的任务，这个人往往也会欣然地接受，并努力去完成。这是因为，在整个过程中，这个人完成了第一个任务，也就想着完成下一个任务，这源于每个人都有把自己的形象调整成前后一致的愿望。即使别人的要求有些过分，但为了维护印象的一贯性，也会努力想办法去实现。

所以，制订短期计划的时候，目标一定不要过高，甚至可以比孩子的能力低一点儿，然后再一点点提高要求，以孩子跳一跳就能达到的高度为标准。

总之，长期计划是明确学习目标和进行大致安排，而短期计划则是具体的行动计划。每过一段时间，家长就要跟孩子回顾一下计划执行的效果如何，如果效果不好，就应该找找原因，进行必要的调整。

锻炼心理承受力

如今，有的孩子心理承受力不强，遇到一点儿困难就又哭又闹，甚至寻死觅活的。

我们可以爱孩子，但不能娇惯孩子。这是因为爱是孩子成长的营养剂，能够促进孩子正向发展，而娇惯会削弱孩子各项能力的发展，使孩子变得懦弱。一个从没有经过历练的孩子，他的心理承受能力必然不高，既不懂得每个人都会经历挫折、伤害，也不理解"失败是成功之母"的含义。

为了让孩子少受伤害，家长应该从小让孩子吃些苦、受些累，经历一些挫折，这样，孩子才会具备一定的心理承受能力，坚强而乐观地面对各种挑战和挫折。

1.不要总是以孩子为主角

孩子生活在襁褓中的时候，自然是家里的主角，但随着孩子不断长大，懂事了、上学了，如果再总是把孩子当成家里的主角，对提高孩子的心理承受能力会产生不良影响。

因为孩子的生活圈不光在家里，还有小伙伴、同学、亲友等，在这个环境中，主角是要具备一定能力的，或者说是自己争取来的。一旦孩子争取不到主角的地位，感到自己不被重视了，就会心理失衡，这样既会影响生活，也非常不利于形成良好的心理品质。

所以，在生活中，家长不要总是把孩子作为生活的重心。比如，家长累了，让孩子做些家务；做饭的时候，可以做一些以爷爷奶奶的口味为主的饭菜。这样，孩子有了被忽视的经历，有了调整自己心态的经验，就不会因为被忽视而情绪低落了。

2.让孩子独自克服困难

不管吃苦也好，批评、惩罚也罢，最终的目的就是让孩子从小磨炼意志，提高自控和忍耐力。其实，生活中困难、挫折无处不在，比如，和伙伴相处的冲突、考试成绩差……家长应该利用这些日常生活中常见的问题，让孩子找到解决问题的方法，增强其抗挫折能力。

美国一些儿童专家指出，有条件的家长应该为孩子有意识地设置一些经过努力可以克服的困难。当然，在这一过程中，家长需要带给孩子克服困难的勇气和解决问题的思路。

家长在给孩子设置困难时，需要把握一定的尺度，既不要超过孩子的心理承受能力，又有利于提高孩子的适应能力，达到增强孩子韧性的目的。

3.让孩子吃些苦

吃过苦的孩子是不怕苦的，他们不但能够苦中作乐，还能积极寻找战胜困难的方法。当下，孩子有什么苦可吃的呢？

平时，可以让孩子参加一些野营活动，让孩子在艰苦的条件下生活，这样有利于培养孩子坚强的性格。

家长忙的时候，可以让孩子尝试自己做饭、操持家务等；让孩子少花钱、多动手，逐渐增强自力更生的意识，这些都是很好的锻炼孩子心理承受力的机会。

4.该批评就批评

许多孩子的心理非常脆弱，根本无法接受别人的评价。美国阿拉斯加州的埃丽希·弗说："没有规矩不成方圆。因此，必须明确规定一些孩子不应做的事情，比如，打人、骂人、偷东西等。如果孩子做了，就要接受批评，有时还要严厉一些。这样对孩子的身心健康成长是有益的。"

学会坚强

一个人生活在这个世界上，会遇到各种各样的坎坷，谁能顺利地跨过这些坎坷，谁就能不断地提升自己，攀上一个又一个高峰。可以说，拥有坚强的性格对一个人的发展非常重要。

那么，什么是坚强？坚毅、不动摇、能承担压力、不屈不挠等，都是对坚强很好的诠释。要想让孩子拥有这些优秀品质，需要家长运用科学的教育方法。

1.打好坚强的基础

3岁以前，不能让孩子吃孤独之苦。家长要尽可能及时地满足孩子的合理需要，尤其是妈妈，最好亲自抚养孩子，这样孩子才能建立起很好的安全感。孩子有了安全感，会让他觉得不管自己是成功还是失败，家长都是他的坚强后盾，所以这样的孩子胆子会比较大。另外，自信心、自我满足感、独立性等都会建立得很好，比较容易形成坚强的品质。

孩子遇到挫折的时候，家长一定要陪伴在孩子身边，抱抱孩子，开导孩子，陪孩子出去玩耍等，这样，孩子的情绪很容易平复，因为失败而产生的压力等会得到化解，从而快速重整旗鼓，继续上路。

2.孩子表现坚强时，家长要给予鼓励

在生活中，如果孩子有坚强的表现，比如，打针不哭、摔倒了不哭等，家长都要鼓励孩子几句，而且鼓励的话里最好有“坚强”这个词，这样，孩子会变得越来越坚强。

3.不回避伤痛，多历练

生活中，有的家长为了让孩子有更多的时间学习，不让孩子做任何家务，对孩子的日常生活采取了“全包”策略。这样做是不利于孩子成长的，会影响孩子综合能力的发展。

苏霍姆林斯基说："成功的欢乐是一种巨大的情绪力量，是继续学习的一种动力。"等孩子长到一定年龄，孩子自己的事情，家长应该让孩子自己做。在做事的过程中，不仅锻炼了孩子的动手能力，也训练了孩子的思维。

如果孩子做不好，家长可以告诉孩子怎么做。除此以外，还要告诉孩子，每个人学做事都会经历一些挫折，正是这些挫折提升了一个人的逆商。

当家里有了困难或发生了悲哀的事情时，有的家长习惯于隐瞒孩子。其实，这样做是把孩子与这个真实的世界隔离开来。这个世界就是甜蜜与苦涩、悲哀与幸福等并存的，如果只把好的一面展现给孩子，等于弱化了孩子面对挫折、困难的能力，容易让孩子变得懦弱。家长是孩子学习的榜样。在面对困难时，家长若表现出坚强的意志，孩子在遇到挫折时，也会选择坚强面对，成为一个内心强大的人。

做自己的太阳：改变自卑心理

生活里有穷有富，有健康有疾病，有美丽有丑陋……很多人若对自己的各种状况感到不满，就容易产生自卑心理。

孩子某方面不如别人或者存在某种劣势，为防止孩子遭受贫富歧视、身体歧视、能力歧视等而自卑，家长不妨给孩子讲讲海伦·凯勒、张海迪等人自强不息的故事，让孩子明白，成功不是天生的，是靠自己后天努力创造的。

科学研究表明，每一次成功，人的大脑便有一种刻画的痕迹——动作模式的电路纹。当孩子重新忆起往日成功的动作模式时，又可重新获得那种成功的喜悦，有利于孩子增强信心，消除自卑感。

自卑的孩子总是盯着自己的不足，忘了要去发掘自己的优势，这样下去容易形成自卑心理。家长要及时帮助孩子走出自卑的阴影，否则孩子很难拥有强大的竞争力。

1.带孩子走出去

如果孩子常年情绪低落，动不动就哭泣，不愿意抛头露面，常常一个人待着，不喜欢交朋友，当大人夸奖别的孩子的时候会不高兴……有这些情况出现的时候，家长就要通过一些方法提升孩子的自信。

提升孩子自信的方法有很多，比如，引导孩子和一些性格外向的孩子交朋友，带孩子去运动，和孩子去大自然中玩耍、探索等。

家长要考虑到自卑的孩子性格腼腆、敏感，即使孩子做错事或者比较懦弱，也不要在大庭广众之下训斥孩子，这样会让他们的心灵更加受伤，甚至逐渐演化成各种各样的心理障碍或心理疾病。

2.给孩子穿得漂亮些

据国外的有关实验显示，昂首阔步的举止以及整洁大方的打扮也能提高信心。家长不妨给孩子买些新衣服，让孩子看上去更整洁、漂亮一些，教孩子一些礼仪常识，这样孩子就会在人际交往中游刃有余，既能赢得别人的好感，又能获得自信。

3.讲述孩子的成长史

孩子成长的每一天都会有趣事、收获，家长把这些讲给孩子，孩子就会觉得自己曾经也是个讨人喜欢的、聪明的孩子，就能提升自信。家长可以为孩子建立一个成功档案，里面记录孩子战胜困难的事迹、取得的每一次成功，当孩子遇到挫折的时候可以拿出来看一看，这样也能提升孩子的自信。

一个孩子的性格在一定程度上决定了他的交往能力。比如，热情、开朗、宽容、乐观、大方，具备这些积极性格特征的孩子在人际交往中会掌握主动，具有一定的人格魅力，交往能力往往也比较强。

但是，受先天因素和后天环境的影响，有的孩子有懦弱、不善言谈、自私、小气等表现。他们虽然渴望友谊，但却不懂得怎么融入团队之中。如果家长及时给予积极的引导，这样的孩子也会拥有很多朋友。

4.培养孩子积极的人格

个体的人格通常可分为两个部分：积极自我和消极自我。由于种种原因，个体对自我人格的认识有时会表现出分裂，即承认人格的某一部分而忽视了另一部分。但是，人格和谐是以人格的统一、完整为基础的，所以，个体要协调自己人格的各个部分，达到人格的和谐、统一，就必须学会接受人格的全部，并且发展成一套以积极自我为主导的人格系统。

小学阶段正处于自我意识的萌芽、发展期，他们的自我意识往往并不完善，再加上意志、思维等发展的局限性，有时会使消极自我一时占了上风，表现出较多的惰性和消极性。

当孩子认识到人生的价值在于自己积极行动，塑造一个有影响力的自我时，孩子就能正视并接受全部的自我，最终发展出一个积极自我，克服消极自我的影响，从而达到完善自我的目的。

站着学，有自信

有的孩子学习成绩不好，问题往往出在自信心不足上。自信心不足，会导致孩子看低自己的能力，觉得所学课程很难，自己不能取得好成绩。具体表现为：上课不敢回答问题，有问题不敢主动向老师请教，觉得自己在老师眼里很差劲，作业总是一拖再拖，遇到难题干脆不看……

在学习上没有自信，会降低孩子在其他方面的自我评价，时间久了，很容易形成自卑型人格，胆怯畏缩、害怕困难、不敢尝试，甚至对一生的学习和生活造成消极影响。所以，提升孩子的自信，让孩子全身心地投入学习和生活，是一件关系到孩子未来发展的大事，家长绝不可以忽视。

要想提升孩子在学习上的自信，需要做到以下几个方面。

1.让孩子觉得学习是让人快乐的

人的本能是趋乐避苦，喜欢成功不愿碰壁。很多孩子对学习失去信心，往往是因为觉得学习是痛苦的，不愿意承受痛苦的滋味，干脆以一种不在乎的态度去掩盖。

为了让孩子在上学之初就体会到学习的乐趣，家长除了给孩子讲讲学习会带来的好处外，还要多关注孩子的学习。当孩子写作业皱眉的时候、考试成绩比较低的时候，家长要耐心地教导孩子。低年级的课程一般比较简单，只要尽心，不急不躁，大部分家长都能够辅导孩子。当孩子学会了，自然能体会到成功的喜悦，进而对自己更有信心。

2.尽早发现不自信的苗头

孩子是否自信，除了在学习上表现出一副力不从心的厌倦样子外，还可以通过其他的一些小细节去观察，比如，喜欢打扮、穿漂亮衣服，跟同学攀比文具、书包等，被批评几句就生气等。这个时候，家长要帮助孩子树立正确的人生观，让孩子明白只要自己勤奋努力，就能在学习上取得一定的成绩，并获得他人的尊重。

有的孩子可能因为在身体、行为、家庭条件等方面存在缺陷而感到自卑，这个时候，家长要及时、耐心地开导孩子，让孩子明白一个人的价值在于他的能力，能为社会做什么，而不是外在的条件。解开了孩子的心结，孩子内心敞亮了，就能开开心心地学习了。

3.肯定、鼓励有方

能力是自信的基础，却不能形成自信，能力必须经过肯定才能形成自信。所以，在学习上，家长要多多鼓励孩子，增强孩子的自信心。

肯定、鼓励的语言能够帮助孩子建立自信，但并不是说只要带有鼓励性质的语言说出口，都能起到增强孩子自信的作用。有些话说多了，可能会导致孩子产生骄傲情绪。比如，“孩子，你真棒！”“我儿子简直就是个神童啊！”“你一定行！去做吧！”所以，肯定、鼓励孩子的时候一定要讲究方法。

第一，当孩子取得一些小成绩的时候，家长尽量夸奖孩子努力、勤奋等特质，而不是夸孩子聪明，这样孩子才会明白什么是决定成功的关键，才会继续发扬成功的特质。

第二，尽量不要当面赞美孩子。苏联教育家苏霍姆林斯基说：“任何一种教育现象，孩子在其中感觉到教育者的意图越少，它的教育效果越大。”所以，可以把赞美的话语放在生活情境中，以不经意的形式表达出来。可以选择在和别人聊天的时候，顺便提一下自己孩子的某个优点，声音大小以恰恰让孩子听到为宜；也可以在和孩子共同做某事的时候，孩子若有出色表现，家长以描述的方式表达出来。

第三，夸奖的内容越具体越好，千万不要过度赞美。

4.不要太看重成绩

如果你想把一个缺少自信的孩子变得充满自信，还有一点很重要——不要太看重成绩。要知道分数不能决定孩子的未来，分数不是衡量孩子成功与否的标准。永远都要坚信自己的孩子是好样的，充满期待地等待孩子一点点地进步。所以，不要太看重孩子的成绩，只要孩子有个好的学习态度，每天都在努力，一定会有提高，不要因为成绩没有达到自己的预期就放弃对孩子的鼓励。

激发孩子的上进心

上进心是一种发展的意愿和努力，是通向期待的目标的一种奋发向上的心理状态。有了上进心，孩子的精神面貌就大不一样了。

首先，有上进心的孩子有强烈的好胜心，不甘落后，勇于向未知领域挑战，喜欢以成功的事实去证明自己的能力和才华。

其次，有上进心的孩子能够主动学习，有旺盛的求知欲和强烈的好奇心，从而能不断接受新事物，及时学习，更新自己的知识，提高自己的个人能力。

最后，能够根据自我情况制订发展目标，并为之努力奋斗。

那么，家长应该如何培养孩子的上进心呢？

1.多途径激发孩子的上进心

拥有上进心的孩子，无论做什么都会尽全力去做好。所以，鼓励孩子多参加一些竞赛活动，比如跳棋、军棋、跳绳、写字、朗诵、珠算、唱歌、绘画等。这些带有竞赛性质的活动很能激发孩子的竞争意识，一旦孩子在竞争中取胜，就会获得成就感，使孩子充满激情，更加渴望胜利。

当孩子输了的时候，家长不要责怪孩子，而是教孩子一些技巧、方法，鼓励孩子多练习，就能提高水平。当孩子通过练习在以后的竞争中取胜后，就会明白勤学苦练是走向成功的途径。

2.适当地比较一下

有比较才能找到差距，但是，比较要讲究方法，如果见到优秀的孩子就和自己的孩子比，只会打击孩子的自信；如果把孩子的行为与某个并不认识的孩子进行比较，那么效果就完全不同了。

有个叫小东的孩子，平时非常贪玩儿，总是不好好学习。他的妈妈就选择了一个典型——一个从差生一步步努力最后考上北京大学的孩子进行比较，结果小东被触动了，学习一点点好了起来。

家长可以选择一个富有进取心的榜样，当孩子的经历与榜样的经历相似的时候，孩子就看到了希望，进取心很快就会被激发出来。

家长还可以给孩子选择一个富有进取心的同伴，让他们交朋友，然后在孩子面前用不带褒贬色彩的描述性语言告诉孩子："你的朋友总是写完作业再玩耍，很积极啊！""你的朋友觉得自己英语成绩差，每个星期天都要补习英语，很有进取心啊！"……这些话能潜移默化地影响孩子，激发他的上进心。

家长不描述，让孩子自己把对方的优点说出来，不但体现了家长对孩子的尊重，也是在调动孩子的能力，提升孩子的认识，更利于孩子形成自我实现者人格。

第9章

相互合作
——助人自助，快乐学习

儿童之间的友情有助于他们在校园生活中认识自我，形成对学习的认识，建立起集体归属感和集体认同感，顺利完成学业。孩子的人际交往能力需要父母的引导和帮助，以便为孩子学习生活的顺利进行奠定基础。

付出你的真心

生活中，我们看到的脸，其实就是我们自己的脸。我们以怎样的面孔面对别人，别人就会以怎样的面孔面对我们。我们希望别人怎么对待我们，我们就要怎么对待别人。我们要想获得别人的尊重，自己先要尊重别人。我们真诚对待朋友，朋友才会真诚对待我们。

在孩子的世界，真诚表现为说真话、讲信用、守承诺、不欺骗等。

1.父母真诚待人

要让孩子做到真诚待人，首先，家长要做一个真诚的人，言行一致。试想孩子每天面对的是一个做事当面一套、背后一套的家长，如果家长要求孩子做一个讲信用的人，孩子往往很难做到。

其次，家长在和孩子交往中，也要做到真诚、一致。比如，答应了孩子的事情，就一定要做到；实在做不到，要跟孩子讲明情况，获得孩子的谅解；和孩子交流的时候，目光要与孩子接触，这样孩子才能感受到父母的真诚，也就懂得了怎么跟别人真诚交流。

2.兑现承诺

诚信是一笔巨大的财富。许下了诺言，即使兑现起来有困难，也不能失信于人。

生活中，即使很小的事情，如果答应了同学，就要说到做到，这样会增进彼此的感情。

3.宽容他人的错误

每个人都会犯错，一个人若拥有宽广的胸怀，就能赢得更多人的喜爱。

双方闹了矛盾之后，不管是谁的错误，都不要小心眼儿，主动和对方联系，这样才能巩固友谊。

4.分享

把自己的心事、好东西，和朋友一起分享，能让对方感受到被重视，进而形成相互分享的良好氛围。

拥有高尚的人格

当下，很多家长特别重视孩子的智力教育，紧盯孩子的分数。

培养孩子，分数固然重要，但是德育、人格培养却是第一位的。新东方总裁俞敏洪说："根据我对成功的孩子和对家庭教育的研究，你只要把核心圈给确定了，孩子的分数一定不会差。而你光是强调孩子的分数，孩子的分数可能会高，但是他的人格、人品和未来的可持续发展力会非常差。"

一个人品好的孩子和一个人品差的孩子，最主要的区别就是心中是否有爱。而是否有爱决定着一个人为人处世的态度、办事风格等，直接决定着他的行为是自私的还是无私的，是被人喜欢的还是被人讨厌的，影响着一个孩子的人际交往。

1.心中有大爱

特蕾莎15岁时，报名参加了去印度接受传教士的训练活动，妈妈不希望她从事辛苦的传教工作，但是特蕾莎坚持要去，妈妈同意了，还派姐姐一起去照顾她。特蕾莎的妈妈非常懂得教育，她了解女儿最爱什么，了解女儿心中有着怎样一份炽烈的大爱，虽然心里不忍女儿受苦，但还是支持了女儿的选择。

在这一点上，现在的父母真的要向特蕾莎的妈妈学习，她懂得尊重孩子的兴趣，理解孩子因爱而做出的选择。

一个人的成才，人格是第一位的。爱是健康人格的首要因素。如果孩子心中没有大爱，不能把眼光放长远，那么孩子心中能够容纳的世界很有限，未来的路也不会很宽广。

2.同情弱者

人之初，性本善。孩子本有善良的天性，在此基础上，再教孩子爱自然、爱小动物、富有同情心，多帮助人，那么，孩子就会成为一个善良的人。

培养孩子的同情心，除了家长要给孩子树立榜样外，在孩子表现出冷漠时，家长要及时给予纠正。因为冷漠者的眼里只有自身利益，而富有同情心的人就不一样了，他们能够设身处地地感受到他人的痛苦，不会做出伤害他人的事情，更加招人喜欢。

所以，面对病人、残障人士、自然灾害幸存者时，家长要给孩子讲讲这些人遭受的痛苦，并鼓励孩子为他们提供力所能及的帮助。

家长还要及时纠正孩子的不良行为。比如，孩子忌妒比自己优秀的小朋友，背后说小朋友的坏话，欺负老实的小朋友，不尊敬长辈，虐待小动物等。这样，孩子才能逐渐变得更有同理心。

3.崇尚美的行为

所谓美，除了外在的美丽外，最主要的是内心的美丽。内心的美丽范围很广，比如积极向上、努力进取、孝敬父母、不依赖别人、乐于助人、爱护自然、爱护小动物等。

要想让孩子成为一个心灵美的人，家长需要从小引导孩子积极向上、努力进取等，做到了这些，孩子会更加具有人格魅力，能够结交更多心灵美的人，为今后的社会交往打下一定的基础。

跟着优秀同学跑

学习方法决定学习成绩。凡是成绩优异的孩子，一定有着更高效的学习方法。而那些在学习上成绩平平的孩子，很可能不懂得怎么学，从而导致学习效率比较低。

孔子曰："三人行，必有我师焉。"如果每个孩子都有这样一个谦虚的态度，愿意从优秀同学身上学习良好的学习方法，那么，学习状况会大大改善。

泽泽是一名三年级的小学生，虽然能按时完成作业，但是学习成绩一直不理想。爸爸妈妈为此很着急。可是自从学校里组织了学习方法分享课后，妈妈发现儿子的学习能力大大提高了。

在分享学习方法的课堂上，有几位作文写得好的同学说，自己有这么好的文笔很大程度在于平时多读书。这些同学还列举出了他们平时经常看的课外书。从那以后，泽泽认识到读书对写作的促进作用，一有时间就在家里看书，不仅看完了同学推荐的这些书，还去书店买回了很多自己想看的书。现在，泽泽写作文的时候，几乎一气呵成，爸爸妈妈对他的学习状态很满意。

1.虚心接受

俗话说："尺有所短，寸有所长。"每个孩子在学习上都有一定的优势，只有互相取长补短，才能更好地提高自己。

平时，跟同学在一起学习的时候，可以问问同学："你的英语学得这么好，用的什么学习方法呢？"这样，往往能获得第一手的经验。不过，当同学向你请教的时候，你也应该毫无保留地告诉他，这样才能互通有无、共同进步。

2.有选择地吸收

在学习的过程中，有些科目正好是某个孩子的优势智能，理解起来比较容易，学习起来比较轻松，花费的精力可能会少些。当某个孩子很少预习、不记笔记，成绩仍然不错的时候，家长要提醒自己的孩子："每个人的学习方式方法有所不同，但一些学习习惯还是要养成的，比如，按时预习、复习功课等。不能看到别人成绩好，就完全无视自己学习习惯的养成。"

一起玩学习游戏

孩子们除了在一起玩耍外，也可以在学习等方面开展一些活动，以达到互相帮助、共同受益的目的。同时还能大大增进同学间的友谊。

1.玩接龙游戏

接龙游戏既可以锻炼孩子的思维，也能提升孩子的学习能力。常见的接龙游戏主要有如下几种：

英语单词接龙。一个孩子说出一个单词，然后下一个孩子就用前面孩子所说单词的最末一个字母当第一个字母说出一个单词，以此类推。比如，bike——eye——eat——tea。

数学运算接龙。一个孩子说出一个算式，然后下一个孩子就以这个孩子的算式结果再添加一个数字做一种运算，以此类推。比如，8＋9——17＋2——19＋1——20－5。

成语接龙。一个孩子说出一个成语，下一个孩子讲讲这个成语是什么意思，然后下一个孩子用这个成语造一个句子，完成一遍后，重新再来。比如，揠苗助长——把禾苗拔起，以助其生长。比喻违反事物发展的客观规律，急于求成，反而把事情弄糟。——盲目地剥夺孩子的课外玩耍时间去上辅导班，无异于揠苗助长。

除了以上接龙方式外，还可以玩英语句子接龙、反义词接龙、形容词接龙等。孩子能够玩儿出的接龙游戏越多，越能对孩子进行全方位的锻炼。所以，家长在鼓励孩子玩接龙游戏的同时，还要启发孩子开动脑筋，丰富接龙的形式，多玩儿出花样。

2.表演出来

表演对每个孩子来讲都是快乐的事情，如果在表演的游戏中加入知识性的内容，让孩子在游戏中学习知识，还能大大提升孩子的学习兴趣。

家长可以鼓励孩子和同学玩“看身体说单词”游戏。一个孩子指着鼻子，另一个孩子就说出nose；一个孩子指着上衣，另一个孩子就说出jacket。

也可以设置一个小故事，让孩子们分别扮演故事里的角色，然后表演出来。表演的过程能够极大地锻炼孩子的表达能力。

互查作业本

有时，孩子们会在一起写作业，不是你到他家，就是他到你家。那些经常在一起写作业的孩子，一般都是脾气相投、关系较好的，长大后可能成为一生的朋友。为了让孩子们的友谊更坚固，给未来多留下一些美好的回忆，家长不妨在孩子写作业的时候让他们互相帮助。

1.找错误

在孩子们互相找错误之前，家长可以让孩子明白：错别字、马虎字、看错题、理解错了题意、书写不规范等，都是容易发生的错误。

同时，家长要告诉自己的孩子，即使找到了对方的错误，用铅笔勾出来就可以了，不要大声宣布，否则容易让同学面子上过不去。另外，即使同学犯了低级错误，也不要嘲笑对方。要明白，互相找错误，只是为了帮助对方改正错误，促进学习，只有态度诚恳地提出来，才能让对方接受。

为了更好地促进每个孩子学习，家长还要告诉孩子，当发现对方的错误时，最好想一想对方为什么会出现这样的错误，自己怎么做才能避免出现这样的错误。即使同学指出自己的错误后，心里感到不舒服，也不要介意，而要心存感激，虚心地接受对方提出来的建议。

2.找优点

当孩子们一起写作业的时候，家长也可以鼓励孩子找同学的优点，这个优点可以是学习方面的，如字迹工整、运算准确等，也可以是性格、品质方面的，如热心帮助同学等。要知道，看到别人的优点不但有利于和对方交往，也有利于自己的进步。

有个孩子，从小娇生惯养。到了二年级的时候，父母发觉这个孩子从没有像别的孩子那样快快乐乐地说笑着走出校门过。观察了一段时间后，父母觉得这个孩子交往能力很差，对别人的优点无法容忍，过于争强好胜。

于是，父母在征求了老师的意见后，把这个孩子放进了一个学习小组。刚开始，那个小组是不欢迎这个孩子的，老师做了工作后，大家才愿意接纳他，和他一起学习。这个孩子很快被小组里面热烈的学习氛围所感染，特别是当同学指出他的优点的时候，他开心得不得了。只是，他还不能像其他同学那样坦然地找到别的同学的优点。

父母得知了孩子的情况后，问孩子："当同学指出你的优点后，你感觉怎么样？是不是很快乐、很幸福、很开心？"他点点头。然后父母接着告诉他："每个人身上都有优点，你应该诚恳地指出同学的优点，这样大家才能互相学习、共同进步啊！"

慢慢地，这个孩子真的改变了，交到了许多好朋友。

耐心给同学辅导

有的孩子在学校里从来不给同学讲题，觉得教会了别人自己就会被落下。有的孩子只给优等生讲题，他们觉得优等生理解得快，讲几句就行了；至于后进生呢，他们觉得讲半天对方也不见得能听明白，太浪费时间了，于是避而远之。

我们经常见到一些孩子，上学的时候学习成绩很优秀，可是考上大学后，在校园里并不是很活跃，上班后，也不是很出类拔萃。这类孩子往往有一个共同点——比较自私、自我，什么事没有落到自己头上绝不伸手，总表现出一副事不关己、高高挂起的样子。

其实，孩子这样，多与家长的教育有关。如果家长没有从小培养孩子良好的性格、品质，那么，孩子大了，就会被自己的不良性格所累。所以，从孩子小的时候起，家长就要抓住机会培养孩子良好的性格、品质。

在校园里，与同学相处，肯定会遇到在学习上互相帮助的情况。处理好了，你的孩子就会成为一个有人缘、有爱心、关心集体的人。

1.培养孩子的集体荣誉感

一个在求学阶段有集体荣誉感的孩子，不管他长大后进入一个什么样的团队，总能从大局出发。

所以，当孩子在学习上比较有优势的时候，家长就要鼓励孩子多帮助一下后进生，这样才能促进班级的整体进步。家长要让孩子明白，所谓的后进生只不过是在学习上有点儿不擅长或者暂时落后，并不代表他们没有长处，更不是一无是处。如果热心地帮助一下，说不定他们的成绩能提高不少。其实，各行各业的领军人物，有很多上学时都不是成绩特别优秀的人，而他们身上还有很多优点，如爱劳动，动手能力强，爱帮助同学，有音乐、美术、体育等方面的特长等，这些正是他们成就未来的资本。所以，有同学求助就热心帮助，这样才能拥有良好的人际关系，与同学共同进步。

2.讲题的时候讲究方法

偶尔给一名后进生讲一道题，对他的进步起不了多大作用。家长可以鼓励孩子和一名后进生结成学习对子，并制订一个具体的帮助计划。

家长还要告诉孩子，帮助后进生，不只是帮助他们学会做题，最为重要的是激发他们的上进心，让他们心怀梦想地在学习的道路上前行。

多交几个靠谱的朋友

孩子们越是广泛地接触，越能增进了解，体会到同学之间互相帮助的巨大力量。所以，家长要想办法让孩子多参加一些户外活动，在与他人的交往中，展现爱心、挥洒个性、建立友谊。

瑶瑶一直不怎么喜欢班里的一位同学，可是一次郊游活动后，她改变了对这位同学的看法。

那天，风和日丽，瑶瑶和几位同学一起去动物园玩儿，一进动物园，大家就被各种动物吸引了。憨态可掬的黑熊，威风凛凛的狮虎，优雅美丽的丹顶鹤，可爱灵敏的猴子……每个人都很兴奋。不知不觉地，太阳就到了头顶，大家很渴很饿，可是又不想错过接下来的精彩表演。这个时候，那位同学自告奋勇地出去买面包和水了。回来的时候，那位同学满头大汗，但仍面带微笑地把面包和水分给了同学。

从那以后，瑶瑶觉得这位同学很有爱心，开始主动和他交往，还经常帮助他补习功课。

可以说，如果没有这次集体活动，瑶瑶可能永远都不会发现这位同学的长处，甚至有可能失去这个朋友。

除了一起出去游玩儿外，家长还可以从以下几方面支持孩子多和同学接触。

1.参加兴趣小组

家长应鼓励孩子参加校园里的兴趣小组，这样不但能培养孩子的兴趣爱好，也能为孩子创造发展友谊的机会。

2.参加社会实践活动

现在的社会实践活动很多，比如去福利院打扫卫生、慰问老人，在小区里收集白色垃圾，访问科学家、教育人士等。

孩子们通过自己的智慧组织活动，在活动中互相切磋、互相配合，加强了彼此间的联系，有利于发现别人的长处，互相取长补短、共同进步。

3.积极参加班级劳动

家长要鼓励孩子在家里参加劳动，比如，洗自己的手帕、红领巾、袜子等，帮父母拖地、擦家具等，还要告诉孩子，做值日的时候，要认真、积极地劳动，这样，在同学眼里就是一个踏实肯干的人，会更受同学欢迎。

4.支持班干部的工作

有的孩子在看到别的同学考试分数提高了或被选上班干部后，心里不免酸酸的。这个时候，家长要耐心地引导孩子，可以告诉孩子："那些成绩好、被选上班干部的孩子，一定有值得学习的地方。多与他们接触，学习他们的优点，才是明智的做法。"

5.不要轻易给孩子转学

家长一定要明白，孩子需要稳定、安全等，他不仅依赖父母，也更愿意在熟悉的环境中，与熟悉的同学、老师相处。如果孩子经常转学，他的内心会因此而不安、惶恐，从而不能集中精力学习。所以，家长不要轻易给孩子转学，让孩子有一个稳定的心境，为安心学习打好基础。

不忌妒的孩子能容人

忌妒是人性的弱点，因为不服气、不愉快、不舒服，而导致事情不能顺利进行。在一个团队中，如果有了忌妒情绪，忌妒者、被忌妒者、团队，都会受到影响。

生活中，家长该如何教育孩子应对忌妒心理呢？

1.引导孩子学会接纳

当孩子遇到不合群、自私的孩子时，第一反应就是将他拒于团队之外。此时，家长应调动起孩子人格中的积极因素，让孩子敞开胸怀，接纳有缺点的同学。家长可以这样对孩子说："那个同学还有你没有看到的另一面，你试着去了解吧！""把他当成朋友，多看看他的优点，你会发现自己会变得更快乐！”“你主动一些，邀请他和你们一起玩儿！”“像帮助自己的朋友一样去帮助他吧！”……

2.告诉孩子忌妒的危害

家长要耐心地跟孩子说，一个人在忌妒他人时，自己会紧张、不安、气愤，处于这种心理状态下，时间久了可能会导致内分泌失调，神经功能紊乱，影响身体健康。

一个忌妒心强的人心胸狭窄，容易自伤和伤人，激起别人的不满，很难交到朋友。

3.取他人之长，补自己之短

有一个小男孩，他有一个特别要好的朋友，两个人的成绩也差不多。可是有一次，好朋友比自己多考了10多分，受到了老师的表扬，小男孩有些受不了了，便有意识地疏远好朋友。家长发现这个情况后，耐心地对小男孩说："每个人都有自己的特点，不用跟别人攀比。看到别人比自己强，不要忌妒。如果看到好朋友取得好成绩，你应该真心替他高兴。你还可以向他请教取得好成绩的原因，以便共同进步。"

当孩子产生忌妒心理的时候，家长要帮助孩子明白一个道理，那就是要想拥有一定的竞争力，最好的方式就是与有长处的人交往，学习对方的长处，不断地提高自己，只是单纯地比较、忌妒，是没有意义的行为。

4.走出自我狭隘的小圈子

帮助孩子站到一个较高的点上来看待同学之间的关系，同学完全可以成为一同进步的朋友。

一个妈妈是这样对儿子讲的："在求学阶段，和同学相处得越好，越能拥有更多可以信任的朋友。"

要和同学友好相处，最基本的就是热情地、主动地帮助同学，这样才能赢得更多的友情。

第10章 学语文的能力——提升语感

语文是一切学科的基础，如果语文能力差，孩子的表达能力、理解能力、思维能力都会受到影响。语文学习看似简单，但是也有很多难点，比如错别字、多音字、词汇、句子、作文等，这些问题处理不好，就会影响孩子学习语文的兴趣。所以，家长应多关注一下孩子的语文学习情况。

改变错别字现象

字是语文学习中基础的基础，不会写字，不认识字，不知道字的含义，就谈不上对词语、句子、段落、文章的学习与掌握。如果字这一关没有过好，就会使语文学习变得非常困难。

写字看起来简单，但是非常容易出错。有一个孩子在作业中这样写道：

我推门进去，看到一位老斧斧坐在坑上，抽着早烟。老斧斧见了我，非赏高兴地说："欢英，欢英！祖国的花姑朵！"

这个孩子在短短的几十个字中，写了那么多错别字，在一定程度上表明学习字有一定难度，需要用心仔细去学。

汉字除了不容易辨认，学习起来也不容易。

有这样一个笑话：

一个老头，他很有钱，可是一家人都不识字。有一年，他请了一个极有学问的老师教他的儿子写字。老师先教他认字，一是一横，二是两横，三是三横。学到这儿，儿子很高兴，扔掉笔告诉他的父亲："我已经学会了，不要再花钱请老师了，让老师走吧！"父亲听了哈哈大笑，称赞儿子聪明，这么快就学会写字了。有一次，父亲请一个姓万的朋友喝酒，就让儿子写个请帖，可是从早上写到下午儿子也没写好，他埋怨道：“天下这么多的姓，为什么要姓万啊！到现在我才写了五百道横！”

这个故事告诉人们，汉字不是那么容易就学好的，在学习的过程中需要下一番功夫。在学汉字时，可以掌握一些方法和技巧，提高学习效率。

1.对字形相近的字进行比较

小学阶段知觉还比较笼统，未形成精确的分化能力。由于孩子空间知觉特别是左右方位知觉不完善，常常将字写得左右颠倒。

比如，铃、岭、怜、吟、念、贪是小学阶段比较有代表性的容易出错的几个字。家长不妨把这几个字列到一起，进行比较记忆。

铃（líng）用金属做成的响器。

岭（lǐng）山脉。

怜（lián）可怜，爱。

吟（yín）唱，呻吟，叹息。

念（niàn）惦记，常常地想。

贪（tān）贪图，求多，不知足。

家长和孩子一起把这几个字的读音、含义列到一起，然后和孩子一起分析每个字的特点。

铃：与金属有关。

岭：与山脉有关。

怜：与情感有关。

吟：与声音有关。

念：与心有关。

贪：与钱有关。

心中有了这样的区别后，让孩子反复记忆，就能牢牢掌握了。然后依据此方法记忆别的字，也会很顺利。当然，熟悉了这个方法后，就可以不一一列出来，这个过程只要在脑海里进行就行了。

2.结合语言环境记忆

学习字词的时候，一定要让孩子在读熟句子、课文的基础上再进行精确记忆。这样孩子不但理解了字词的意思，还了解了这个字词的用法，脑子里有了情境，就不容易跟形近的字词混淆了。

举个例子，“急躁”“干燥”。反复读这两个词所在的语言情境后，脑子里就会有这样一个场景：遇到急事、麻烦的时候，就容易急躁；北方秋天的天气很干燥。这样就不容易混淆了。

孩子受思维定式的影响，先学的字会影响后学的字。学了前面的字，比如“躁”，能够准确地写出来，但是学了后一个字的时候，比如“燥”，就容易写成“干躁”。为了防止这种情况出现，家长要帮助一下孩子。当孩子要学习“燥”的时候，家长就把“躁”一起列出来，让孩子进行比较记忆，这样先学的字就不会影响后学的字了。

增加孩子的词汇量

一说到词汇，很多家长就会跟说话、写文章联系起来。其实，词汇对孩子的影响不只是这些。我们都知道，语言是思维的工具，我们通过语言来表达思想，传递信息，当我们头脑里有了某个想法的时候，如果不能准确地表达出来，就可能出现词不达意、说不出来等状况；当我们通过语言去理解题意、别人说话的意思时，如果掌握的词汇不多，就会出现理解偏颇、回答不准确的情况。

所以，如果一个人的词汇量越大，那么他的表达、推理、决策、解决问题的能力就越强。如果把思维比作一座高楼，那么词汇就是建设高楼的一砖一瓦，词汇的数量、质量在一定程度上决定着思维的高度。

儿童心理学研究表明："如果仅有事物的形象作用，而缺乏词的作用，则学生往往会离开当前的学习任务，而热衷于他们所感兴趣的因素，忽视对事物的全面观察。特别是在环境比较复杂、对象的外部特征不很明显的情况下，正是词的作用才可以唤起人们过去的经验，促进对直觉对象的理解。"

但是，很多孩子存在着词汇量不足的问题，为了不影响孩子的学习、生活，家长有必要想办法提高孩子的词汇量。

1.多和孩子进行高质量的交流

家长平时要多读书，让自己的表达更准确，更有学识，这样才能在与孩子的交流中及时纠正孩子的不恰当用语。家长与孩子交流的同时，也为孩子通过语言表达思想创造了机会。

闲暇时，家长可以提出一些开放性、启发性的话题，一家人在一起聊一聊，这样更能激发孩子的表达欲望。

2.家长多给孩子朗读

在孩子认字不多的时候，家长平时可以多给孩子朗读一些小故事和儿歌，这样可以培养孩子对文字、词汇和语言的感觉，并增加孩子的词汇量。

慢慢地，孩子长大了，自然就能体会到词汇的含义和用法。在这里需要提醒的是，虽然电视上也有许多新鲜、时尚的词汇，但是电视以声像的形式展现内容，在很大程度上限制了孩子的想象，也会限制孩子对词汇的想象和思考。所以，家长应尽可能多地给孩子朗读，为培养孩子的阅读兴趣打下基础。

3.多读书、多动笔

有人做过一个实验，选择了20名考试成绩、家庭环境差不多的学生进行跟踪调查。他们让20名学生大量阅读课外书，老师予以指导和激励。阅读的过程中，鼓励他们写读书笔记、观察日记、心得体会等。实验证明，这些孩子的词汇量以及运用词汇的能力和水平优于未参加实验者。

由此看来，人们经常说的多读、多练、多写对于丰富词汇量绝对不是空谈，而是非常实用的方法和手段。当然，这里的读书不是走马观花似的阅读，而是一边读一边思考，遇到不懂的词汇就查查字典，如果能够在书上标注一下或者抄写在本子上，那么记忆就更牢固了。读完一本书或者一篇文章，把精彩的语段抄录下来，平时经常温习，也是丰富词汇量的一个好方法。

无论是对于词汇的积累还是理论的学习，都有一个从量变到质变的过程，所以，家长要教孩子养成这种阅读、摘抄、写作的习惯，这样孩子才会在词汇积累的过程中提高写作能力。

句子贵在多练习

句子是语言的基本单位，较之于词汇的学习，句子就显得比较复杂一些了。句子是由字、词按照一定语法规则构成的，而且还要表达一个完整的意思。一个孩子掌握了词汇，如果不会组成句子，或者组成的句子表达的意思不够完整、出现歧义，那么，还是无法实现语言表达的功能。

什么样的句子算是完整的句子呢？那就是句子结构要完整，句子表达的意思要清晰、用词恰当、合乎情理，句子的表达要多样化。

这些要求看起来比较复杂，只要孩子写句子的时候想着这几点，多多练习，要做到并不难。家长可以从以下几方面来帮助孩子练习句子。

1.掌握变换句式的方法

同样一句话，可以有几种表现形式，而不同的表现形式也是为不同的语言环境服务的。比如，根据剧情或者故事情节的发展，为了突出、强调某种事物，有时可能把句子的某个成分提前；因为略写的需要，有时可能把复杂的内容简单化，用一句话概括出一段文字表达的内容。

为了让孩子将来能够根据文章表达的需要自由地选择表达形式，家长可以和孩子多做一下句式变换的题目。小学阶段最常见的几种句式变换是：陈述句改成反问句、合并句子、把字句改成被字句等。

举个例子，家长给孩子列出题目，让孩子来回答。

“不劳动，连株花也养不活，这是真理。”改成反问句：

我羡慕他。他很智慧。合并句子：

我把那棵树苗救活了。把字句改成被字句：

家长还要让孩子在做这些题目的过程中，去体会这样改有什么好处，为什么这样改。孩子做多了，就能从中体会到句式在表达中的作用。

2.扩句和缩句

扩句，是在主干的基础上添枝加叶，也就是说，根据表达的需要添加定语、状语、补语等成分，使句子或课文的意思更具体形象、充实丰满。缩句，就是把长句子缩短为只留主干的短句子，并且不能改变原句的主要意思。换句话说，主干就是把所有的定语、状语、补语等都压缩了之后余下的部分。

孩子在扩句、缩句的练习中，能提高对句子的理解能力、分辨句子结构的能力、准确表达的能力，即全面地提高表达能力。

3.掌握几种修辞手法

我们希望孩子有较强的表达能力，能够根据表达需要选择适合的表达方式，准确、得体、富有感染力地表达出来。这时，可以运用一些修辞手法，在小学阶段最常用的修辞手法有比喻、夸张、拟人、排比、对偶等。

要想让孩子很好地运用这些表达方式，家长除了要教孩子了解这些表达方式的概念、作用外，还要让孩子多记忆课本中关于这些修辞格运用的例句，以帮助孩子更好地理解。等孩子记住了，就多让孩子做一些习题，以增强运用能力。

4.会修改病句

检验孩子的造句能力，是可以通过修改病句来实现的。如果孩子一眼能够看出一个句子哪里有问题，那么说明这个孩子对句子的结构已经掌握到一定程度了。

在写句子的过程中，最常见的问题是成分残缺、搭配不当、前后矛盾等。

前后矛盾包括：不合逻辑、词序不对、形容不当、结构混乱、误用关联词等。

误用关联词的情况包括：因果关系、转折关系、选择关系、并列关系、条件关系、假设关系、递进关系等的关联词语误用。

掌握归纳段落大意的方法

通过让孩子对一篇文章、几段话、一段话的大意进行归纳，不但可以了解孩子对文章理解的程度，还能锻炼孩子的语言组织能力、思维能力，促进孩子对语文知识的掌握。

在语文考试中，常常有阅读理解题，要想很好地完成这类题目，需要孩子在平时通过阅读、理解、归纳段意等方式加以训练，提高内容归纳的能力。

1.最初的几招

在归纳段落大意之前先要把文字读懂。所谓读懂，当然不仅仅是把文章读一遍，而是要真正搞明白文字表达了什么意思，做到深度理解。

深层理解指的是寻找作者没有说出来但通过字里行间体会得到的意思，这不是浏览一遍文章就可以完成的。第一，要细细通读全文，这样才能通过字里行间去发掘文章的内涵，透彻理解词汇和结构本身的意义并进行推理。第二，从文章中的事实、现象出发进行归纳，推断可能做出的结论，通过文章的用词和修饰手法去理解作者的立场、观点、感情和写作目的等。第三，通过人物对话，推断对话双方的语气和对问题的不同看法。只有在细细品味中，才能最终达到深刻理解。第四，在阅读过程中，根据标题预测文意。因为标题往往是文章的宗旨、中心所在，通过阅读来验证预测，加深对文章的理解，开阔思路，发挥创造力。

达到了这个水准，再开始归纳段落大意。归纳段落大意最重要的几点是准确、完整、简要。

所谓准确就是要恰如其分地概括出全段的重点内容；所谓完整就是要把整段表达的重点内容完全地表达出来，不能用部分代替整体或用次要的代替主要的；所谓简要就是语言要简练、通顺，意思要清楚。

对于刚刚学习归纳段落大意的孩子来讲，这可能是一件比较困难的事情。这个时候，家长不妨教孩子几个简便方法，等孩子有了足够的经验后，就能总结出自己的方法，就会做得更好了。

其中一个方法是：对于写物的段落可以归纳成“这一段主要写什么（指物）怎么样”的形式；对于写景的段落可以归纳成“这一段主要写（什么时间）什么地方的（什么）景色”的形式；对于写人的段落可以归纳成“谁（什么时间）（什么地方）做什么”或“怎么样”的形式；对于写事的段落可以归纳成“这一段主要写什么事的起因（经过或结果）”的形式。

当然，这样的方法，只适合初学归纳段意的孩子，以帮助孩子树立信心，更好地学习怎样归纳段落大意。

2.接下来的几招

当孩子已经能够初步对段落大意进行归纳以后，家长可以教给孩子以下几招。

摘句法。有的段落的写法是先总述后分述，文章的第一句话就是全段的总领，这个时候可以直接把这句话作为全段的段意；有的时候，某一段的最后一句话总结了全段的意思，可以把这句话摘出来作为全段的段意；还有的时候，能够概括全段意思的中心句隐藏在段落中，如果后一句是前一句意思的递进，那么往往选择后一句作为全段的段意。

归并法。如果找不到文字中现成的句子作为段意，家长就要教孩子先判断一下，整个段落中每一句话（或者每一个自然段）讲的分别是什么，如果是并列关系，就把每句话的意思放到一起，用一句话概括出来就好了。

取舍法。一段里有几层意思，往往有主有次，抓住主要的，舍去次要的，就可以得出段意。几个自然段合起来成为一段时，要舍弃次要内容，抓住主要内容来归纳段落大意。舍弃次要内容后，保留的主要内容应准确、完整、简要。

熟记一些写作技巧

作文是一个人认识事物水平和表达能力的体现。写作文的最高境界是“无技巧”，也就是天然无凿痕地把自己的见闻、感受和想象清楚地写出来，做到内容具体、感情真实、语句通顺。当然，这需要孩子养成细心观察、认真思考、勤于动笔、认真修改的习惯。对于初学写作文的孩子，先教孩子一些技巧性的东西，非常有利于孩子理清思路、下笔、成文。

有人总结了名家的写作秘诀，意思是：名家写作奥秘多，多读勤写不可少。老舍写作先提纲，心里有底文成章。福楼拜常熬通宵，笔耕不辍写出名作。巴尔扎克常改文章，精心出精品。托尔斯泰写风景，实地考察看真切。冰心文章现童心，孩子事情定亲临。学会写作并不难，只要勤耕就出名篇。

1.审题意

不管是看图作文，还是命题作文，第一重要的事情就是审清题意。审题意就是全面理解题目的含义，把握题目所提示的写作范围和写作重点。详细说来，就是搞清这个题目是写人、写事、写活动，还是写物；发生在什么时候；发生在什么地方；人物关系是怎样的；要表达一个怎样的主题。

2.挖掘小事的深意

如果根据题目的要求选定了某件事，不管这件事是亲身经历的、亲眼看到的，还是从新闻媒体那里获取来的，都要仔细琢磨、反复思考，挖掘出这个事情的意义、深刻影响，这样才能带给别人启示与思考。

3.记叙文六要素

要交代清楚时间、地点、人物、事件的起因、经过、结果，这是记叙文六要素。

当然，为了增强文章的吸引力，制造一些小悬念，在叙述的过程中，会有插叙、补叙的情况出现。但是，不管文章结构怎么调整，都要井然有序而不是颠三倒四，要让读者读得明白。

4.中心明确、突出

记事过程中要围绕中心，抓住重点，不要面面俱到。重点部分要详写，给读者留下深刻的印象，非重点内容一笔带过就可以了。

一种是题目本身就规定了文章的中心，如《一个刻苦学习的同学》；另一种是只规定了写作范围，写什么内容、确定什么中心要靠自己来定，如记自己印象最深刻的一个同学。

5.注意刻画人物形象

不仅是写人的文章，写事的文章也要刻画人物形象。刻画人物形象常用的手法就是描写，选择最能表现人物特征的那部分来写，要把人物的语言、神态、动作、心理活动等写细致、写逼真。如果是写事的文章，人物特征是服务于事件主题思想的；如果是写人的文章，人物特征是服务于人物的性格特征、思想境界的。

6.选择材料

在选择材料的时候，家长一定要让孩子明白材料是为文章主题思想、中心内容服务的，所以要反复思考后，觉得满足了题意的需要才能选用。另外，越是典型、真实、富有代表性的材料越能吸引人，越有新意，越能表现主题。

7.认真修改

修改是写作的一个环节，所以，家长要帮助孩子养成写完文章修改的习惯。那么，怎么修改呢？先整体浏览，看作文是否契合题意、中心是否明确、所选材料是否紧紧围绕中心；然后再考虑作文整体框架方面的环节，看文章结构是否紧凑、布局是否合理、过渡是否自然；最后才考虑句式、词语、错别字、标点符号等问题。

写出真情实感

《语文课程标准》开宗明义："语言文字是人类最重要的交际工具和信息载体，是人类文化的重要组成部分。"既然是交际工具，有时特别需要真情实感。

所谓真情实感，就是有感而发，而不是看到别人写什么就写什么，看到作文书上写什么就模仿什么，更不是从网上下载了改一改就算写作文了，而是要真正地把触动心灵的东西写出来。

要想达到这个效果，家长可以从以下几方面来帮助孩子。

1.多观察，写日记

日记是个人生活的记录，是对所见所闻的感想、看法。所以，教孩子养成每天写日记的习惯，不但能够促使孩子去观察生活，掌握观察方法，还能锻炼孩子的文笔，提升孩子的思维。

2.让孩子体验真情实感

一个人的感受、情感是面对特定的场面、特殊的情境时生发出来的。所以，平时家长要给孩子提供机会，多带孩子接触这个世界，这样，孩子才能从自然、社会、人生的体验中获得真情实感。

某地发生旱灾的时候，云云的妈妈经常带着云云看有关的报道。云云从画面里感受到了灾区缺水、缺食物的状况，对妈妈说："我以后不喝饮料了，省下来的钱捐给灾区吧！"妈妈点点头，对云云说："你能关心灾区人民的生活，妈妈很欣慰！"

像云云这样，看到灾区人民的困难能够表达出同情，并主动提供帮助。有了这样的经历，她以后写作的时候笔下就会有物、有情。

3.鼓励孩子大胆下笔，写真情实感

有的孩子脑子里有了想法，却不好意思写下来，他们觉得这样就暴露了自己内心的想法，可能会受到家长的责怪。孩子出现这样的情况，与家长平时的教育有一定关系。

比如，孩子在作文中表明喜欢某个同学，恰巧这个同学是异性的时候，家长就会觉得孩子开始“早恋”了，对孩子进行说服教育，甚至严厉斥责孩子。其实，这个时候孩子脑子里并没有这个意识，只是单纯的喜欢。

有时候，孩子在文章中说累啊、烦啊，家长一看到就生气：这孩子平时不做家务，衣来伸手、饭来张口的，有什么可累的？每天上学那么点儿事，有什么可烦的？于是，忍不住对孩子唠唠叨叨。这样，孩子更不愿意写自己的真实感受了。

家长的态度对孩子的影响很大。家长要尊重孩子的情感，当孩子在作文中抒发情感的时候，家长要试着去理解孩子，而不是否定和指责孩子。当孩子觉得抒发情感是一件很正常的事情时，就会敢于正视自己的真情实感，写作的时候也就自然而然地流露出来了。

4.平时多积累、多练习

到了小学高年级，孩子有了一定的阅历，读了一定数量的书后，家长就要鼓励孩子按照自己的所思所想去写。

至于写什么，当然是自己观察到的、感受到的。家长一定要告诉孩子，只要真实存在的事情，都有值得写的内容。当然，作文水平的提高，不是有了真实的经历就能达到的。需要孩子从小积累一定的写作素材，平时多练习、多动笔，这样，孩子在写作时才能游刃有余。

第11章
学数学的能力——抓好数感

数学是一门基础学科，不仅研究现实世界中的数量关系，还研究空间形式的相关问题。任何一门应用科学，不管是物理学、工程学、生物学，还是医学、经济学等，都要用到数学知识。所以，数学能力在一定程度上决定着孩子今后的发展水平。为了让孩子学好数学，必须让孩子从小养成良好的数学学习习惯，以便为今后的学习打下一个良好的基础。

数学“学以致用法”

数学是人们对客观世界定性把握和定量刻画的科学，它不但来源于生活，而且对生活有很大的优化作用。可是，这门以数字、符号的形式呈现的科学，对于有的初学者来讲似乎有些枯燥，导致很多孩子难以入门，甚至产生畏惧心理。

如果孩子在数学学习中紧密联系生活实际，将抽象的数学学习建立在生动、丰富的生活背景下，就能真正促进孩子主动学习，让孩子感受到数学学习的乐趣。

心理学研究表明，儿童有一种与生俱来的、以自我为中心的探索性学习方式。在数学学习中，如果家长注重让孩子自己去感知、发现，孩子就能体会到数学就存在于周围的生活中，运用数学知识可以解释现实中的数学现象，解决生活中的数学问题，那么，学习数学的兴趣就会大大提升。

1.把生活与数学联系起来

生活与数学联系紧密，在生活中多应用数学知识，会让孩子觉得生活中充满数学知识，数学没有想象的那么难学。

平时妈妈买水果的时候，可以让孩子算一算家里一共几口人，每个人一天吃几个苹果、几个橘子，一周吃多少个；妈妈买鸡蛋的时候，可以让孩子算一算一家人一周吃多少颗鸡蛋……

除了在家里经常计算数据外，家长还要带孩子去外面看看数学的用途。家长要告诉孩子，不但日常生活要用到数学知识，科研、建筑、天文等各个领域，更要用到数学知识。

2.用数学知识解决问题

应用数学课上学到的知识、概念、思维方式、解题方法等，来解决生活中的实际问题。这样，既达到了把所学知识应用于实践的目的，也能增强孩子的满足感。

比如，家里的沙发套旧了，需要更换新的，妈妈可以请孩子帮忙测量沙发的面积。一方面，孩子因为能够帮助妈妈做事，会很开心；另一方面，孩子在测量、算数字的过程中，因为应用到了面积公式、长度单位、计算方法，会觉得自己学到的知识很有用，就会更加喜欢学习数学。

家里要定做家具，家具的长度、高度多少才合适，这需要事先测量一下，测量的时候，家长可以让孩子一起参与，这样，也会增加孩子的成就感。

尽早培养数感

什么是数感？简单来讲，就是孩子对数与运算的一般理解，这种理解可以帮助人们用灵活的方法去观察、解释和表示客观事物的数量关系、数据特征和空间形式，做出数学判断和为解决复杂的问题提出有用的策略。可以说，这是一种感觉、感受乃至感情。

数感主要表现在：理解数的意义；能用多种方法来表示数；能在具体的情境中把握数的相对大小关系；能用数来表达和交流信息；能为解决问题而选择适当的算法；能估计运算的结果，并对结果的合理性做出解释。

一个数感强的孩子往往非常喜欢数学，学习数学知识相对容易，能够轻松把握数学的本质，进行数学运算的时候错误率低，粗心、马虎的情况也较少发生。所以，要想让孩子在数学学习上取得好成绩，培养数感很重要。

培养孩子的数感，有一点很关键——数感不能依靠老师的讲解获得，而是要通过学习活动去感受和体验。所以，不管通过什么形式培养孩子的数感，都离不开多让孩子接触和感知数学。

1.引导孩子通过生活获取数感

爱迪乐校长任珺说：“发现式的学习更容易培养孩子的数感，因为数感由人的主观思维出发。在发现式的学习中，孩子是学习的中心，概念及知识的规律和相互关系是学习者在自己的学习探索中发现的，他必须动脑自我思考，所以更容易建立对数的感觉。”

所以，家长要从小为孩子创造一个有“数”的成长环境。就家庭方面来讲，家长可以提示孩子注意或进行一些计算：家里的冰箱是多大容积的、家里每个月生活支出多少钱、每个月吃多少颗鸡蛋、妈妈的身高是多少、爸爸的身高是多少、爷爷的岁数减去爸爸的岁数、全家人的手指加在一起有多少根、五层楼有多高等。

这样，随着孩子头脑里数的概念的增多，孩子会觉得数是那么亲切、容易感知，数感就慢慢地建立起来了。

2.多动手操作

皮亚杰说：“儿童的思维是从动作开始的，切断动作与思维的联系，思维就得不到发展；智慧的鲜花是开在手上的。”动手操作活动就是学生学习过程的展现，是经验不断内化、提升的过程，也是学生主动发展的自由天地，所以，数感的培养和发展，离不开动手操作。

孩子最初学习算术时，可能对解答10＋5这样的题目感到有些困难。这个时候，家长可以拿来一些糖块边操作边进行运算。家长先让孩子数出10块糖，然后再数出5块糖，再将这些糖放到一起后数一数一共有多少块糖。在这样的运算过程中，孩子的头脑中就建立了实物与数字的对应关系，有利于孩子把握数字的本质和意义，理解数字之间的关联性。

3.让孩子练习估量、估算

《数学课程标准》提出："课程内容的学习，强调学生的数学活动，发展学生的数感、符号感、空间观察、统计观念，以及应用意识和推理能力。"

一个数感很好的孩子，看到一根木头，他往往能够清楚地判断木头的六分之一、七分之一是多少；看到225就知道能否被15整除；买西瓜的时候能够通过观察估计西瓜的重量等。

在日常生活中，如果家长经常锻炼孩子的估量、估算能力，那么也能很好地提升孩子的数感。比如，家里来了客人，妈妈可以让孩子摆放碗筷，通过类似的活动逐渐提高孩子的计算能力。

孩子数感的培养是一个循序渐进的过程。低年级的学生对新鲜事物充满了好奇心，接受能力强，所以，家长应尽早培养孩子的数感。

解数学题的一般步骤

数学学习离不开做题，做题既能检验孩子是否掌握了知识，也是考查孩子实践能力的重要方式，所以，培养孩子的做题能力是一件很重要的事情。家长可以从以下几方面提高孩子的做题能力。

1.认真审题

审题，是孩子能否解答好一道题目的重要环节。只有审清了题意，才能思路清晰，找准解题的方向。理清思路，最主要的就是找到关键词，发现已知和未知。

生活中，我们经常发现孩子对着试卷噘嘴，很委屈地说："这道题目我本来就会做，但是我没有审好题目，所以才看错了数据。"

为了不让孩子因为这些小疏忽而导致做错题目，家长有必要观察一下孩子在做数学题的时候有没有发生过看错条件、看错问题、看错运算符号、看错单位等情况，如果有，就要提示孩子做题的时候应该认真、仔细地审题，而不是一看题目感觉懂了就开始运算。

2.规范书写

不管是写作业，还是答题，文字书写都是很关键的细节。因为不管你脑子里多么清楚这道题怎么计算，如果你写出来的文字老师看不懂，那么就可能因此丢分。

书写情况主要包括字迹和格式，如果是填空题，把所填内容写清楚就行了；如果是计算题，就要讲究一定的格式了。所以，家长不妨让孩子在写作业的时候，套用老师板书或者例题上的格式，这样，慢慢地，孩子就能养成规范书写的好习惯。

3.细心演算

不管哪种类型的数学题，都是需要演算的。为了提高答题效率，家长最好从小教孩子养成清楚演算的习惯。所谓清楚演算就是演算的时候在特定的演算纸上按照一定的顺序进行演算，这样在检查的时候便于对演算过程进行检验。

演算的过程也是做题的过程，演算是否正确影响着做题的结果。所以，家长要告诉孩子演算的时候不要着急，要认真、仔细地进行，一步一步地来。

4.检验改错

做题之后需要检查，检查时要根据情况来进行。最简便的一种方法是把运算结果代入题目里、算式里，如果符合题意，等号两边相等，就是没问题的。反之，则可能在运算过程中出现了错误，就要重新审题、计算。

图示法

因为学习是一个需要不断深入思考的过程。所以，当孩子遇到无法通过字面意思的理解来解答的题目时，家长不妨教孩子用图示法。

因为画图的方式能够清楚地把题目中的内容、数量关系展示出来，帮助孩子弄清条件和条件的关系，解题的时候就容易多了。

1.把重要关系列出来

举例：某车间计划25天生产700个零件，实际每天生产35个，照这样计算，能不能按时完成任务？

看到这个题目，有的孩子感到不知所措，这个时候，家长不妨指导孩子把重要关系列出来。

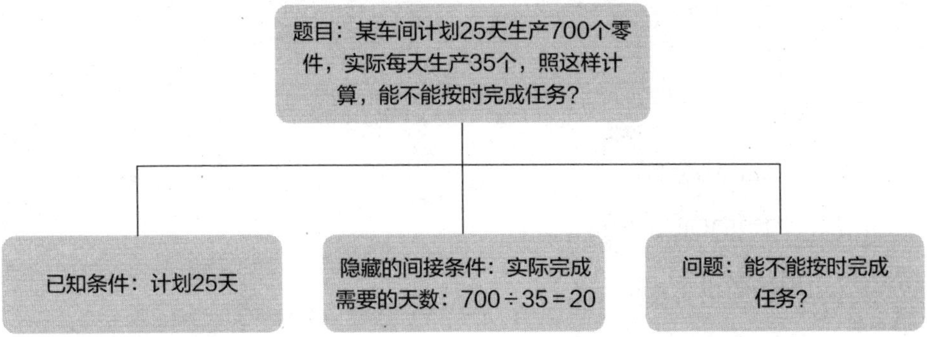

这种情况适合做应用题，当孩子反复思考总觉得缺少一个条件的时候，家长不妨提示孩子列关系表，这样能够帮助孩子找到隐藏着的间接条件，打开思路。

2.看不懂题目

当孩子遇到一道题，却无法找到解答问题的关系时，家长不妨指导孩子把题意用图示的方式表现出来。

举例：装配车间将9360个小皮球装箱，每6个装一盒，每12盒装一箱，一共装多少箱？

如果孩子搞不懂这个题目，可以这样表示一下：

△代表盒

□代表箱

△△△△△△6个1盒

□□□□□□□□□□□□12盒1箱

9360个小皮球装多少盒?

算出了多少盒，就能算出多少箱了。

再换一种算法：

△代表盒

□代表箱

△△△△△△6个1盒

□□□□□□□□□□□□12盒1箱

算出1箱装多少个小皮球?

9360个小皮球装多少箱?

图示的最大好处是让题目中的条件直观地显现出来，能够促进孩子的分析和思考，提高孩子的解题能力。

3.画线段图

线段图具有半具体、半抽象的特点，直观性强，可以帮助孩子在解答问题时分清数量关系，理清思路，化难为易，是提高学生理解能力和分析能力的有效辅助工具。

例如：公园里有两种树，柏树8棵，是松树数量的2倍。公园里一共有多少棵树?

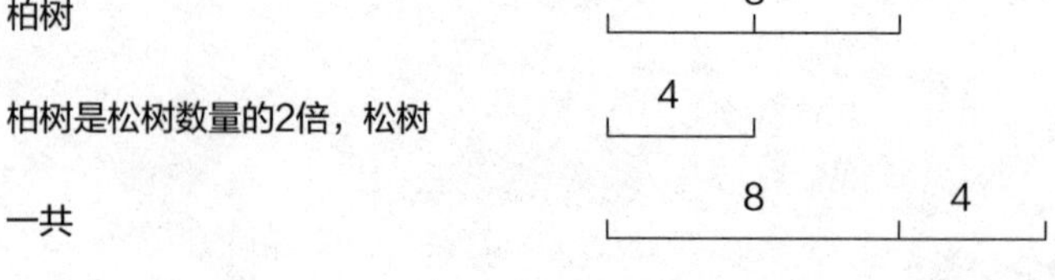

当孩子对题目内容、条件、问题初步了解之后，家长可以指导孩子画线段图，画图的过程也是理解题意的过程，一边画一边就把结果算出来了。

能写数学日记

写日记的好处很多，通常我们的日记比较注重个人的经历和感悟，因为它能够锻炼文笔、抒发感情、减轻压力，还能促进思考。如果把日记的内容锁定在数学知识、学习数学的经历上，那么，在一定程度上能够促进数学的思考和学习。

1.数学日记写什么

日记是日常生活的记载，数学日记就是与数学有关的生活记录，让孩子通过写日记感受到数学是现实的、有用的。

一个孩子写了这样一篇数学日记：

今天，数学练习题里面有一道题目是：一头大象重5408千克，它的体重是一只猴子的208倍，这只猴子重多少千克？

一看到这道题目我的神经就兴奋了：5408千克有多重呢？我的体重是40千克，那么大象的体重大约相当于我体重的135倍！一头大象等于135个我的重量啊！

想到这里，我的好奇心更强了：我的体重和猴子的体重谁更重呢？我连忙算起猴子的体重来：5408÷208＝26（千克）。

算完之后，我开心死了！看来我比一只猴子要重许多呢！那么，重多少呢？40－26＝14（千克）。看来，我是一只超级大“猴子”啊！

这个孩子通过写日记，不但对猴子、大象、自己的体重有了认识，最重要的是，他锻炼了运算能力，发现了更多的生活乐趣。

有个孩子在日记中是这样写的：

今天，我真要好好检讨自己了！如果不是在做题的时候看错了小数点，以致丢掉了5分，我就能考满分了！唉！真有点儿恨自己！不过，也算吸取教训了，以后做题的时候一定要注意，千万要看好小数点等各种细节！

这个孩子的日记，表达了他对自己在学习上存在的问题已经有所认识，为其今后的学习打下一定的基础。

通过这两个事例，我们发现数学日记可以写的内容很多，可以写数学发现、数学应用和数学思考，以及自己对数学学习的兴趣，从而提高发现问题、解决问题的能力。

2.怎么写数学日记

家长指导孩子写数学日记，就是要培养孩子从儿童的视角发现生活中的数学问题，培养孩子用数学的思维和眼光观察生活和事物，让孩子从单纯、被动地做数学题，变成主动地发现数学中的奥秘，使其思维能力、创造力、想象力等都得到同步提升。

所以，家长在指导孩子写数学日记的时候，要鼓励孩子写出发自内心的真实感受，不管是痛苦的还是愉快的，都是学习过程苦与乐的再现，都是能够促进孩子学习的积极因素。

反复牢记公式

数学公式是人们在研究自然界物与物之间时发现的一些联系，并通过一定的方式表达出来的一种表达方法，是表征自然界不同事物的数量间或等或不等的联系，它确切地反映了事物内部和外部的关系，是我们从一种事物到达另一种事物的依据。

数学学习是为了解决一定问题的，当这个问题存在于某种特定的关系中的时候，如果知道这个关系的表达形式——公式，解决起来就会变得相对容易些。所以，记住公式对孩子来讲非常重要。

有的孩子觉得，公式理解了就能使用了，所以他们从不屑于背诵公式，结果到了使用公式的时候，不是记不准确就是记不住，导致很多题目出错。所以，在数学学习上除了要注重理解外，记忆也是很重要的方面。在理解的基础上记忆会更快速、更牢固，因为记忆的过程本身就是一个对知识的理解过程，反复地记忆能够促进对知识的理解，使孩子对知识的掌握更牢固。

如果一个孩子对公式记忆得越准确、越熟练，他在理解新知识、解题的时候，就越不容易卡壳，学习效率越高。所谓的记忆好，不仅指记得准确，还要记得牢固。所谓的记得准确，不但要记住公式的全部，还要记住公式的变形，公式里每一部分代表的含义。

举个例子，关于相遇问题，有公式：

相遇路程＝速度和×相遇时间

当孩子在理解这个公式的基础上，准确地记住这个公式的时候，他就会明白相遇路程的概念，每想起这个概念，头脑里就会出现一段从A点到B点的路程。在这段路程的中间有个点，两个行驶的物体在这里相遇，于是就有了相遇时间，两个行驶的物体的速度相加就是速度和。除了这些以外，孩子还能从这个公式推导出以下两个公式：

相遇时间＝相遇路程÷速度和

速度和＝相遇路程÷相遇时间

孩子对这个公式记得越熟练，遇到这类题目的时候越能快速、准确地找到关系，做出判断，计算出结果来。

所谓记得牢固，指的是一闭眼就能想起这个公式，达到了脱口而出、提笔就能写出来的境界。那么，如何才能做到这么熟练呢？

那就是：理解＋死记硬背＋反复回忆。

不同个体理解知识的过程是不同的，从预习到听讲再到课后复习，都是孩子理解知识的方式，也是记忆知识的过程。即便通过这个过程孩子记住了，还是需要死记硬背这种方式来巩固记忆的。因为人的大脑有遗忘的功能，只有经历了死记硬背和反复回忆的阶段，孩子才可能实现熟练记忆。

还有一种方法能够实现对公式的牢固记忆，那就是做题。在做题的过程中，不但检验了是否记住了公式，还能通过对公式的运用加深对公式的记忆和理解。

培养孩子的审题能力

很多家长心中有着相同的疑惑，那就是把孩子在做作业、考试的时候做错的题目抄下来，认真地给孩子读一遍题目，让他重做一遍，孩子马上会反应过来，而且做得很正确。于是，很多家长把问题归结到孩子的粗心、马虎上。其实，问题并不是这么简单，很多时候问题出在了审题能力上。比如，在阅读题目的时候，没有看清题目，没有读懂题目的意思，就按照自己的想象做题了；没有把题目看完，或看完了不假思索，根本没有注意到题目中关键性字词的变化；审题时注意到了问题，但在做题时却忘记了这些问题。

审题是做题的关键，因为只有看清题意，理解题目所表述的意思，才能正确地解题。审题过程是挖掘信息的过程，也是迁移信息的过程，它是对问题所含信息的提取、组合、加工和表达的过程，只有通过细心、认真的观察，抓住关键的信息，方能认识问题的本质，合理地选择解题方法。由此看来，审题不是简单的事情，为了防止孩子在审题这个环节上出错，家长有必要帮助孩子提高审题能力。

1.耐心多看几遍

如果孩子写作业、做题的时候比较着急，这个时候，因为看题的速度比较快，很容易出错。所以，在孩子没有养成仔细审题的习惯之前，家长可以通过规定时间或者次数的方法，“逼着”孩子仔细审题。孩子在审题上花的时间比较多、看的次数比较多，阅读就会更全面、更准确。

读题是初步了解题意，是了解题目内容的第一步。读题时要培养学生反复、仔细、边读边想的读题习惯，要做到不添字、不漏字、不读错字，把题目读顺。尽量在读题的过程中找出条件和问题，了解条件与条件、条件与问题之间的关系。

为了促进孩子对题目的理解，家长可以告诉孩子：“读的时候，一边读一边思考。”等孩子读完了，觉得理解了，家长可以让孩子说说他是怎么理解题意的。经常这么做，家长就可以了解到孩子独立地从题目中获取数学信息的能力了。如果孩子理解得不正确，家长就帮助孩子纠正过来。多次之后，孩子的审题能力就提高了。

2.培养圈重点字词、关键句的习惯

小学生注意力保持时间比较短，注意的范围比较窄，有趋易避难的倾向，感知比较粗略，以至于题目的条件、问题、情节不能自始至终准确无误地保留在头脑中参与解题全过程。在写作业的时候，家长可以培养孩子一个习惯——在审题的过程中，用符号来圈画重点词语和关键句子，这样，就把重点的词语凸显出来了，有利于孩子保持理解的全面性和准确性。

3.善于积累审题经验

不同的题目用到的方法不同。所以，当孩子做了足够多的练习题后，在审题的过程中就能根据题目的特点迅速归类，这样，如何解题的问题就缩小到了一个很小的范围，解答起来就容易多了。就拿应用题来说，在审题的过程中，就能判断出这道题属于哪类，比如和差问题、和倍问题、差倍问题、植树问题、盈亏问题、相遇问题、追及问题、流水问题、浓度问题、利润与折扣问题等。每一类题都有各自的解答方法，分好了类，解答起来就容易了。

第12章
学英语的能力——形成语感

有人把英语学习比作过关，说英语学习就是过一道道的关卡，什么语音关、词汇关、语法关，难道英语学习真的那么难吗？其实，只要掌握了正确的方法，英语学习也可以变得很有趣、很轻松！

多听、会听

学习英语是从听起步的。为什么这么说呢？因为英语单词的学习是围绕音来进行的，音是英语单词学习的核心。那些每次都考高分却说不出一句流利英语的孩子，就是因为在学习英语的时候丢掉了音这个核心，而只是记住了英语的写法，最终导致不能顺利读懂、听明白。衡量一个人是否认识一个英语单词，不在于他能否写出这个单词，而在于他能否读出来。只要孩子能够读出来、表达出来，写出来往往就不困难了。

而对于发音的记忆，当然是从听开始的。可以说，听是说的前提，没有听，就谈不上说。因为只有听得清、听得懂，才能说得准、说得好。所以，从一定程度上来说，要想孩子能说英语，先要孩子会听英语。只有听好了，孩子才能说。

其实，听力是最能在短期内提高的一项能力。即使是这样，也要注意平时的训练。听力可以分为细听和粗听。

所谓细听，就是要听语音、语调等。孩子能够这样去听，说明孩子已经掌握了英语学习的方法，有兴趣学习。

所谓粗听，就是集中精力去听，但是不管能否听懂，都要往下进行，能听明白多少是多少。这种形式的倾听为的是能够跟上语速尽力听明白意思，或者听出英语的节奏和感觉，有利于培养对英语的敏捷反应和语感。

在课堂上听老师讲课，跟着随身听学习发音、词语、句子等，是一定要细听的，因为只有这样才能掌握每一个单词的发音、拼写。看英文电影、阅读英文小说、听英文广播的时候，就可以粗听，只要听懂大致意思就行了。

每个孩子在英语学习的过程中，都要经过粗听、细听，在学习的过程中，如何处理好粗听、细听的关系，是大有学问的。处理好了，孩子的成长就能如鱼得水；处理不好，就会影响学习效率。

1.细听适可而止

对于初学英语的孩子来讲，掌握多少单词并不重要，重要的是准确地掌握每个单词的发音，这就要求孩子在课堂上一定要注意力集中，静心观察，仔细倾听。家长要告诉孩子，当老师示范发音时，一定要一边观察老师的嘴型变化，一边仔细听老师的发音，做到看明、听清。老师发音完毕后，要学着老师的样子跟着说。这样，发音才会到位，模仿效果才会好。

不管是在课堂上，还是在听录音的时候，小学生保持注意力的时间比较短，容易贪玩，觉得听到了就会说了，其实听到了并不等于听懂了、听明白了。家长要提示孩子不能满足于听到、跟得上说、跟得上读，而是要仔细听语音、语调、句中的重音、停顿等，这样才能打下读准的基础，在模仿中学到原汁原味的语音、语调。

家长还要帮助孩子消除急切心理，在完全听懂的前提下跟读、模仿，否则容易出现发音欠准等情况。

当然，细听并不是说要无限制地细听下去，永远不改变状态，因为一味慢速地讲英语跟不上讲英语的正常速度，无法实现跟英语老师交流的目的。特别是那些为了配合听众或学习者的程度而故意放慢语速的听力教材是不能一直坚持用下去的，因为长久地用这种教材会让孩子养成每个词都要清楚读出来的习惯，跟不上正常语速，不会同化、减弱、连音。所以，经过了一段时间的细听后，家长要适时地在孩子的英语学习中引入粗听这个概念，二者结合，才有利于孩子的听力发展和会话能力。

2.不可缺少的粗听

当面对的倾听内容是正常语速的时候，如果孩子还是细听，那么就会跟不上速度，错失一些倾听的机会。但是，对于习惯了细听的孩子，要让他们去粗听，可能一时难以实现。这种情况下，家长可以让孩子听一些简单的内容，以免孩子产生力不从心的挫败感。比如，英语气象报告的速度虽快，但词汇简单固定、内容单一，重复的可能性大，而且在生活中随时都可以印证，是听力入门的好教材。

一定要说出来

在英语的学习中，说很重要。英语作为一种语言，是交流的工具。仅仅掌握单词、句子是不够的，要能说、会说。孩子的说，是从模仿开始的。在课堂上，当老师领着学生跟读的时候，一定要大声读出来，边听边模仿老师的发音。老师让同学读的时候，要大胆举手，抓住机会锻炼发音。

每天出声朗读英语，孩子就会逐渐掌握英语的节奏。养成朗读的习惯后，会有一条记忆回路被打开，这就是语感。语感是语言学习的关键，有了语感，孩子领悟语言的能力就会更直接、更迅速。

为了增加孩子开口说英语的机会，家长可以利用业余时间给孩子报个口语班，那种有外教的口语班不但能让孩子学到标准的英语，而且能够让孩子对自己的发音更有信心。

1.消除胆怯心理

有的孩子担心发音不标准，怕丢人，不肯说英语、朗读英语。家长可以告诉孩子，刚开始学习英语时，很多人都会有这样的心理，谁最先战胜了自己，懂得英语发音不标准不是问题、不丢人，谁就能尽快讲出来。

当然，敢于讲话并不是说就不用注意英语的发音了。利用一切可以利用的时间大声读出来、讲出来，这样既能锻炼发音，也能锻炼勇气。有的孩子觉得，讲英语需要一定的场合和机会，其实，平时在家可以尝试着和自己讲英语，也是一种很好的锻炼。

2.课堂上积极发言

英语课堂是小学生用英语交流的主要场合。在小学阶段，孩子在课堂上学的英语大都是日常学习及生活中的场景、语言，把这些知识掌握了，能够对答如流，会大大提升孩子用英语表达的信心。

所以，家长要鼓励孩子在课堂上积极发言、积极回答问题。特别是参加老师组织的英语会话小节目的时候，要积极地争取机会，放下心理包袱，不要考虑对错、好坏，因为大胆地说出来就是一种收获。

3.深入问话

为了让孩子有更多的机会锻炼英语表达能力，家长想方设法给孩子创造对话的机会。比如，支持孩子参加英语学习兴趣小组、给孩子请外教、参加学校的英语角等，这样的锻炼提供了良好的英语氛围和表达机会，能促进孩子的英语学习。

孩子学习英语的目的是能在生活中使用英语描述生活中的事物，表达喜、怒、哀、乐等情绪，以便更好地深入交流。孩子在英语学习中要学会“成块记忆”。所谓成块记忆，就是在简单交流后，再多问一个“Why（为什么）”，鼓励孩子用成句、成段的语言表达思维，阐述观点。当然，成块记忆的内容不只这些，还包括在英语学习过程中，多为单词找一些“邻居”，形成“语块”。与单个单词相比，习惯搭配、常用短语、语段连接词等更应该成为孩子记忆的重点。因为“成块记忆”更有助于孩子进入英语语境，促进学习。

特别的单词记忆法

很多孩子在初学英语的时候，都会遇到认识单词、记忆单词的问题。

孩子记不住单词，不是不用功，而是真的记不住。有位妈妈发现了这个情况后，就想了许多办法来帮助孩子学习。妈妈在家里的物品上贴上了英语单词，有空就和孩子一起念一念、背一背；妈妈还买了英文歌曲书，根据孩子喜欢唱歌的特点，每天让孩子来唱英文歌；除此以外，妈妈还带着孩子在逛街、游玩儿的时候背单词，把路上所见到的东西翻译成英文……很快地，孩子就掌握了很多英语单词，再也不感到英语学习是一件困难的事情了。

一般来说，掌握英语单词没有什么捷径可走，但我们可以选择一些方法来记忆英语单词。

1.在生活中记忆

孩子容易记住与他贴近的、熟悉的、吸引他的东西，所以，家长不妨想办法让单词走进孩子的生活，随时随地刺激孩子的耳朵和眼睛。比如，在街上，注意广告牌、路牌上的英文翻译，默默地记住；如果使用的商品上有英文，可以尝试着看一看，遇到不懂的单词就查查英语词典；可以看一些英语类电视节目等。这样孩子感觉到英语学习与实际生活联系紧密，就会减少陌生感和畏惧感，学习起来心情放松，就不会觉得很难了。

家长最好教孩子制订一个记忆计划，规定每天的记忆任务，然后写在小纸条上，揣在身上。当有空闲时间时，就默默地记忆一下。这样积少成多，就能记住很多单词。

2.教孩子学会寻找记忆窍门

记忆是过去的经验在人脑中的反映，即人脑对过去感知过的、思考过的、体验过的、行动过的事物的反映，分为形象记忆、逻辑记忆、情绪记忆、运动记忆。记忆的过程还可以分为识记、保持、回记（再认），即信息的输入、储存和提取。

根据记忆的特点，家长可以帮助孩子掌握一些记忆方法，这样，孩子在记忆的时候才会主动寻找更适合自己的记忆方法。

在记忆英语单词的时候，最常见的方法主要有以下几种：

逻辑记忆：通过词语本身的内部逻辑关系、词与词之间的外部逻辑关系记忆单词。比如，利用构词法，通过分析词根、前缀、后缀、派生和合成等记忆单词。

联想记忆：可以通过字形的联想、字义的联想来记忆。字形联想就是通过单词的形状联想到一些生活中的画面。比如，面对着eye，可以想到眼睛；面对着banana，可以想到香蕉。字义联想包括同义记忆、反义联想。比如，把coat、shirt、clothes、dress、garment、jacket几个意义相近的单词放到一起，让孩子记熟这些单词的中文意思后，再细细分析每个单词的区别。这样不但能够帮助孩子细分单词的意思，正确使用单词，还能帮助孩子记忆单词。

分类记忆：这种记忆方法比较适合复习的时候使用。复习的时候，把单词进行分门别类，然后再记忆。比如：动物、植物、餐具、水果、厨房用具、食品、交通工具等。如果能够把一类物品制成图表，在表格里分别写上词形、词性、词义、音标、搭配、例句等，意、形、物看起来很直观，更容易记忆。

当然，记忆英语单词的方法还有很多，需要孩子在学习中慢慢摸索。但是，不管用什么样的记忆方法，家长都要让孩子记住一点，那就是英语单词词义精细，所以，记忆一定要准确。

动笔写写

读和听虽然是学习英语的重要方式，但是如果缺少了写，就会出现认识不会写、会背不会写、拼写错误等情况，不但难以在考试中取得好成绩，而且不能顺利地用笔表达。所以，在孩子学习英语的时候，家长不可忽略写这种学习方式。

1.认真规范书写的习惯

孩子的书写范围很广，不但要写单词，还要写短语、句子、文章。书写句子、文章的时候，不但要做到单词拼写准确、正确使用标点符号，还要注意语法的使用、文章结构的正确等。

2.平时多动笔写

培养理解能力，就要求孩子不但要掌握足够多的单词，知道单词的意思，还要学会各种句式，掌握英语的表达方式。

在写的时候，家长要提示孩子，不但要达到要求，还要边写边思考，努力理解字面意思、掌握语法习惯等。书写能够促进记忆，不断地写，孩子的大脑里才有了足够的英语单词、短语、句子、文章的储存，用的时候，才会信手拈来。

3.多做翻译题

能够在英、汉两种语言之间自如转换是英语学习的高境界。不管做汉译英还是英译汉，对孩子来讲都是一个促进英语学习的好办法。当孩子学习了一些重点句式后，家长可以让孩子先把英文翻译成中文，过几天后，再把中文翻译成英文，并把翻译成的英文和原来的英文进行比较，这样很容易发现错误和不足，有了错误和不足就立即改正，并掌握正确的写法。在这个中英互译的过程中，对语言的词汇表达、句式结构、段落组织、篇章布局等各个方面都进行了练习。

做翻译题目不但有利于孩子的英语书写表达能力的提高，而且有利于孩子理解和掌握英语，找到英语表达和汉语表达在逻辑、语言习惯上的不同，使得孩子对英语的领悟更加深刻。

4.默写

平时，孩子把已经记住的英语单词、英语课文都默写在纸上，然后与正确答案进行比较，这个过程不但能够检验孩子记忆的准确程度，而且能够锻炼孩子的书写能力。

在英语的学习中，由于受不同思维习惯的影响，孩子不知不觉地就会出现一些表达上的错误，比如主谓不一致、时态错误、冠词用法不当、名词单复数形式混淆、单词拼写错误等。这些错误往往带有一定的迷惑性，就是孩子自以为记住了，其实，可能还存在着一些不易察觉的错误。这些错误只有被发现了，才能通过有意识的纠正加以克服。而默写是发现错误、促进理解的好方法。

提升阅读理解能力

阅读理解能力是衡量一个人英语水平的重要标志之一。要学好英语，很关键的一个方面是培养和提高阅读能力，而提高英语阅读能力的关键是掌握正确的阅读方法。

中国古话说："书读百遍，其义自现。"英语学习也不例外。孩子读的英语文章越多，从中获得的英语知识也越多，他的英语思维能力、英语表达能力也就越强，家长不要忽视培养孩子良好的英语阅读习惯。

1.坚持晨读的习惯

俗话说："一日之计在于晨。"早晨的记忆效果是最佳的，所以，如果每天早晨能拿出一定的时间用来阅读英语作品，孩子的语音、语调、语感都会获得很大的进步。晨读的时候，可以读单词、句子、课文等。

当然，还可以进行背诵。背诵可以提高英语水平，可以选择背诵一些经典语句、文章等，这样既丰富了词汇量，又为写作积累了一定的素材，一举两得。

2.眼到、口到、心到的习惯

朗读能够加强记忆。在朗读的过程中，发出声音并听到自己的声音，不仅需要用脑，还需要同时动用自己的发音器官和听觉器官，这样不仅增加了对大脑的刺激，也建立了一些条件反射，能使记忆过程加速并巩固。所以，孩子越是一边朗读一边思考，阅读效果越好。

当孩子朗读的时候，家长可以根据孩子朗读时的语调与断句判断他是否在一边朗读一边思考。如果孩子嘴在动、心没动，那么读的时候会出现在不是一句的地方断句等情况。这个时候，家长不妨指导孩子用指读法、限时读法朗读，以提高孩子的注意力。

朗读的内容很广泛，可以是单词、短语、句子，也可以是课文。当然，对于刚学英语的小学生来讲，是需要经历一段时间的跟读的。跟读时，家长要鼓励孩子积极模仿录音中原汁原味的语音、语调，并自觉地将自己的读音与标准规范的读音进行对比，纠正自己的发音错误，这样才能打好语音、语调的基础，保证以后背诵的时候发音标准。

3.不妨猜一猜

要提升孩子的阅读理解能力，单靠课本上那些文章是远远不够的，所以，孩子的阅读范围还要广泛一些。阅读英文读物，主要的障碍是陌生的单词和复杂的句子结构。要想有效地解决这个问题，最好的办法是根据已经掌握的知识，通过上下文的联系进行词义猜测。猜测词义并不是没有根据地乱猜，而是要根据语流或前言后语，尤其是新词语所在的句子，进行合理的想象和推测，从而快速地猜出词的大意。如果孩子经常进行这样的猜测，他会发现自己猜得越来越准确，甚至还能悟出很多英语构词方法、语言模式等。这是因为猜测性阅读提升了孩子的理解能力和语言感知能力。

如果家长能够先培养起孩子的阅读兴趣或者选择孩子感兴趣的读物，即使孩子在阅读中遇到一些阅读障碍也不会轻易放弃，而是饶有兴趣地去猜测、琢磨。这样，不但能发展孩子的兴趣爱好，而且能提升孩子的阅读品质。

但是，在孩子的英语水平不是很高的情况下，选择阅读的书籍时，不要一上来就选择长篇小说。因为外国原著一般都有较深的时代背景和文化背景，如果对外国的历史文化一窍不通，可能会造成阅读困难，阅读效率低。所以，家长要尽可能地为孩子选择短小精悍的文章，等孩子的阅读水平提高到一定程度后，再选择篇幅长一些的文章。总的原则是阅读内容要与孩子的阅读能力相当，否则容易打击孩子阅读的积极性。